幼小衔接

——帮孩子轻松上小学

董旭花　李　芳◎著

中国轻工业出版社

图书在版编目（CIP）数据

幼小衔接：帮孩子轻松上小学／董旭花，李芳著. —北京：中国轻工业出版社，2012.2（2023.8重印）

ISBN 978-7-5019-8555-5

Ⅰ. ①幼… Ⅱ. ①董… ②李… Ⅲ. ①学前教育－教学参考资料 Ⅳ. ①G613

中国版本图书馆CIP数据核字（2011）第249247号

责任编辑：张天怡

策划编辑：高　君　　责任终审：杜文勇

责任校对：刘志颖　　责任监印：吴维斌

出版发行：中国轻工业出版社（北京东长安街6号，邮编：100740）

印　　刷：三河市鑫金马印装有限公司

经　　销：各地新华书店

版　　次：2023年8月第1版第9次印刷

开　　本：710×1000　1/16　印张：12.5

字　　数：105千字

印　　数：19001—22000

书　　号：ISBN 978-7-5019-8555-5　定价：25.00元

读者热线：010-65181109，65262933

发行电话：010-85119832　传真：010-85113293

网　　址：http://www.chlip.com.cn　http://www.wqedu.com

电子信箱：1012305542@qq.com

如发现图书残缺请拨打读者热线联系调换

111191Y1X101ZBW

幼小衔接接什么(代序)

好像是一眨眼之间，孩子从哭着上幼儿园到了哭着离开幼儿园，小学生活就这样不请自来，像孩子们一样，家长们满含期待，却又满怀忧虑。

幼小衔接几乎是所有的幼儿园老师和家长朋友关心的问题。老师们会从孩子上大班开始，尤其是大班春季开始的那个学期，就开展很多专门的幼小衔接活动，比如带领孩子参观小学、熟悉小学环境，激发孩子上小学的愿望，引导孩子认识文具并学习使用文具，整理书包等。家长朋友们则更关心孩子认了多少字、会不会拼音、会不会20以内数的计算，以保证孩子上学后能跟上一年级老师的教学进程，能在竞争中处于领先的位置。

这些真的很重要吗？孩子从幼儿园到小学要经历哪些跨越？幼小衔接到底接什么呢？

第一，从幼儿园到小学距离有多远？

从幼儿园到小学实实在在不像家长朋友们想象得那么容易，家长们不能期待一个孩子经过两个月的暑假就能放下玩具、背起书包轻松上学去，而是需要好好了解一下自己的孩子，他们在入学后会面临哪些变化、应对哪些挑战。上学后的孩子会进入一个比幼儿园大很多的学校，环境变了，一日生活内容变了，学习方式变了，交往对象变了，规则代替自由成为一切活动的中心。

德国的哈克教授根据观察和研究指出，处于幼儿园和小学衔接阶段的儿童，通常存在下列六个方面的“断层问题”。

（1）关系人的断层。孩子入学后，必须离开“第二个母亲”——幼儿园教师，而去接受要求严格、学习期望高的小学教师，这会让部分孩子感到一定的压力。

（2）学习方式的断层。小学中正规的科目学习方式与幼儿园的在游戏中学习、生活中学习和探索中学习的方式有较大区别，孩子必须有适当的时间加以适应。

（3）行为规范的断层。通常在幼儿园被认为是理所当然的个人要求，在小学不再被教师关注。孩子入小学后，必须学会客观地认识自己，遵守集体规范，尽快融入班集体。

（4）社会结构的断层。孩子入小学后与幼儿园的小伙伴分离，需要重新建立人际关系，结交新朋友，并获得老师和同学们的认可。

（5）期望水平的断层。家长和教师都会对上了学的孩子抱有较高的期望，尤其是期望孩子学业优良。所以，他们会为了学业而减少孩子玩游戏、看电视的时间。

（6）学习环境的断层。从幼儿期的自由、活泼、自发的学习环境转换成到学科学习、有作业、受教师支配的学习环境中，孩子们容易陷入注意力不集中状态或患有学习障碍。

如此看来，孩子必须有良好的精神状态、足够的心理准备和较强的适应能力才有可能应对这些挑战，轻松而愉快地适应小学生活。所以，无论是幼儿园、学校还是家长都不应该忽视幼小衔接工作。我们的准备越充分，孩子的过渡就会越轻松。

第二，幼小衔接切勿“因小失大”。

提到幼小衔接，很多家长朋友想到的就是让孩子多学点东西。很多人会觉得孩子上学前学得越多，上学后就越有优势，实际上这种优势是靠不住的。教育研究表明，这种优势只能维持到第一学期三分之二的时间。之后，孩子不仅没有优势，反而可能因为前面没有养成良好的学习习惯，没有学习的兴趣导致厌学、惧学、不会学。所以，我们必须转变幼小衔接教育的观念，不要被某些所谓幼小衔接班的宣传所迷惑，避免孩子陷入“未入学、先厌学”的泥沼。

一般来讲，孩子在入学适应上表现出来的困难并不是单纯的学业问题，更多的是能力问题和社会适应问题。孩子对学习是否有兴趣、生活是否有规律、在集体中是否合群，这几个方面往往影响其入学后的适应性。所以，我们需要时时关注孩子在这些方面的发展，让其逐渐形成良好的学习兴趣、行为习惯，提高其规则意识和遵守规则的能力、任务意识和完成任务的能力。

第三，幼小衔接需要孩子、家庭、幼儿园及小学共同努力。

幼小衔接不单是幼儿园的工作，也不单是家长的工作，而应该是孩子、家庭、幼儿园、小学四位一体的共同努力。有些家长会认为把孩子交给幼儿园和学校，自己的任务就完成了，顶多再给孩子报几个兴趣班或者辅导班，反正不差钱，很显然这是一种推卸责任的做法。在孩子任何一个阶段的成长过程中，家庭都有重要的影响，父母的角色是任何人无法替代的。

(1) 父母应注意：

- 放手让孩子自己的事情自己做，尽量不包办代替；
- 作息规律；
- 培养孩子形成良好的生活习惯；
- 鼓励孩子多交新朋友；
- 陪孩子多读书、读好书；
- 满足孩子好奇心的探索；
- 以乐观、积极的态度对待学校和学习；
- 对孩子有适当的约束；
- 给予孩子适度关注；
- 做个好榜样。

(2) 幼儿园教师应注意：

- 培养孩子的独立性和自主性，增强孩子的责任意识；
- 培养孩子的有意注意；
- 适当延长一次活动的时间，鼓励孩子有始有终做完一件事情；
- 关注孩子同伴间的社会交往，让孩子学会基本的交往技巧，能处理相互间的矛盾；
- 培养孩子遵守群体生活规则的意识。

(3) 小学教师应注意：

- 不要随意进行入学测试，更不可以成绩作为分班的依据，也不应该以成绩评判幼儿的好坏；
- 安排2～4周的过渡期，上课时间要慢慢延长，具有一定的弹性；
- 减少教学内容中抽象性的符号和语言，增加具体形象有趣的内容；
- 减少呆板式的上课，增加趣味性和活动性的教学方式，重视教具和学具的使用，减少单调的机械练习；减少全班性的教师讲、学生听的单一方式，增加包括小组和个人的多种活动形式，减轻孩子学习的负担。

孩子的健康成长离不开家长的关爱和关注，也需要家长与幼儿园、学校建立良好的沟通和合作关系。幼儿园应将幼小衔接作为一项重要工作来抓，积极为孩子入学做好充足的准备工作；小学也不应太被动，应该加强对幼小衔接工作的研究。早在2007年上海市教研室就颁布过《上海市小学学习准备期“综合活动”实施指导意见》（简称《指导意见》），提出为缓解小学一年级新生入学之初的身心压力，有目的、有计划地对儿童进行入学适应教育，在小学一年级课程中设置了学习准备期“综合活动”。学习准备期的“综合活动”围绕“学习兴趣培养”“学习习惯和行为习惯养成”“师生情感交流”三个要素进行设计，教学主要采用游戏、示范、情景模拟、训练、竞赛、儿歌、故事等形式，便于孩子模仿、感受和尝试，强调活动的趣味性。准备期的时间为4周，即新生入学第一个月。这个《指导意见》值得各地小学学习和借鉴。

第四，我们的孩子准备好上小学了吗？

现阶段我们国家普遍规定孩子的入学年龄为6岁，这是有其心理学依据的，也就是说孩子到了6周岁，基本具备接受学校集体生活和正规学校教育的能力了。但这并不是说所有的孩子一到6岁都已经准备好了，要知道孩子间发展的个体差异非常大。

家长如何判断孩子已经具备了入学的基本能力？说起来也简单，可以从以下四个方面做出判断。

（1）生活有条理，即孩子能独立自主地安排好包括学习在内的基本生活起居，不必大人催着、盯着才去做。

(2) 交往能合群，即孩子喜欢与他人交往，并能与同伴友好相处。

(3) 活动守规则，即不论是在游戏中还是在学习活动中都能遵从活动规则，做错了也愿意改正。

(4) 对学习感兴趣，即有好奇心和求知欲，喜欢提问，且做事专注。

反之，如果孩子入学后表现出疲劳、食欲不振、睡眠不足、紧张、心理压力大、体质下降、课堂违规现象多、学习自信心差，则是孩子入学不适应的表现，需要引起我们的高度注意。

最后，还有几句话想要送给家长朋友们：

孩子就是孩子；

相信孩子有自我成长的力量；

适应是一个过程，允许孩子入学有个适应过程；

积极的态度会帮助我们，也会帮助孩子们。

董旭花

2011 年 11 月 23 日

目　录

沟通篇 / 133

后记 / 187

生 活 篇

好不容易等到孩子长大了上学了，本以为可以轻松了，可没想到麻烦事情更多：孩子晚上腻腻歪歪不睡，早晨磨磨蹭蹭不起；上学没几天就丢了小黄帽，铅笔、橡皮更是天天丢；作业记不住，需要妈妈每天打电话问；回家写作业拖拖拉拉，20分钟的作业一个半小时也写不完，每天需要人陪着才能完成作业；上学不知道喝水，水杯里的水带去又带回……原来这些竟都是与生活习惯有关的问题。想想幼儿园阶段最不应该忽视的就是良好生活习惯的养成，这是孩子适应学校生活很重要的开端。一个有独立意识、生活自理能力强、守时、懂规则、有责任感、健康的孩子走到哪里，我们都放心。

1 生活好习惯

因为我工作忙，我老公又经常出差，所以，儿子一直是由他外婆带着的。今年儿子已经5周岁了，却还没有养成什么好的生活习惯：在家吃饭得大人追着喂，早上不起床，晚上不睡觉，洗澡理发也得大人哄好半天。昨天又因为没完没了地看电视，我生气地给他关掉了，结果他就在家哭闹了两个多小时。唉，转过年，他就该上学了，我该怎么办？如何帮助孩子改掉这些坏毛病，养成一些好的习惯呢？

这位妈妈的担忧和困惑在很多家长那里都或多或少存在，千万不可以小看了这些生活细节。因为现在的家庭多数只有一个孩子，家长及照顾者免不了会多加疼爱和关照，老人带孩子尤其会无微不至，结果就可能造成一些孩子在吃饭、盥洗、睡眠、游戏、交往、学习等方面存在一些问题，没有养成良好的习惯。原来家长还以为孩子大了自然就会改变，结果等到孩子上了大班即将入小学时，家长却发现很多问题非但没有改变，反而变本加厉起来。于是，家长就开始担忧，这样的孩子怎么适应小学生活啊？！

是的，无论哪个年龄段的孩子，他们首先要做的不是读书、写字、学英语，而是养成好习惯。我国著名教育家陈鹤琴先生认为：“人类的动作十之八九是习惯，而这种习惯有大部分是在幼年养成的，所以，幼年时代，应当特别注重习惯的养成……习惯养得好终身受其福，习惯养得不好，则终身受其害。”

在幼教界盛传这样一个故事：

1978年，75位诺贝尔奖获得者在巴黎聚会。人们对诺贝尔奖获得者非常崇敬，有个记者问其中一位获奖者：“在您的一生里，您最重要的东西是在哪所大学或者哪所实验室里学到的呢？”这位白发苍苍的诺贝尔奖获得者平静地回答：“是在幼儿园。”记者感到非常惊奇，又问道：“为什么是在幼儿园呢？您认为您在幼儿园里学到了什么呢？”诺贝尔奖获得者微笑着回答：“在幼儿园里，我学会了很多很多。比如，把自己的东西分一半给小伙伴们；不是自己的东西不要拿；东西要放整齐；饭前要洗手；午饭后要休息；做了错事要表示歉意；学习要多思考，要仔细观察大自然。我认为，我学到的全部东西就是这些。”

这位科学家出人意料的回答，说明了什么？又给了我们做家长的怎样的启迪呢？它告诉我们，早期教育和早期养成的习惯很重要，对人的一生发展影响巨大。有一句话很多人都知道，那就是：“行为决定习惯，习惯决定性格，性格决定命运。”如果我们真的关心孩子的一生发展，就应该对这句话的深刻含义有透彻的理解。

习惯到底是什么？为什么会有如此巨大的力量？孩子的好习惯到底从哪里来的？

《辞海》上说：“习惯就是人在长时期里逐渐养成的，一时不容易改变的行为。”用心理学的简单术语来说，习惯就是刺激与反应之间的稳固链接。如此说来，习惯就是一种动作定型，是一种自动化的、稳定的、不容易改变的动作。习惯动作会进入人的潜意识，不需要经过大脑思考，不需要刻意用意志去控制。比如，人一旦养成晚上上床前洗脸、刷牙、洗澡的习惯，就会成为一种无须思考的自动化动作，如果有一日不这样做，他就会无法忍受，甚至无法入眠，这也说明了习惯的巨大力量。

因此，习惯不是天生的，而是后天养成的。习惯有好习惯，也有坏习惯；有群体习惯，也有个人习惯。如果按照内容划分，习惯还可以分为生活习惯、学习习惯、工作习惯、交往习惯等。对于4—8岁的小孩子来说，最应该养成的习惯是：

- 自己能做的事情自己做；
- 按时睡觉、起床、上学、写作业；
- 讲究清洁，每天洗脸、刷牙、洗脚；
- 用过的东西立刻归位，整洁有序；
- 耐心听别人说完话；
- 说到做到，并且有始有终；
- 遵守规则；
- 获得帮助后懂得道谢，做错事愿意道歉和改正；
- 遇事喜欢刨根问底；
- 每日都要进行户外运动。

在培养孩子好习惯的过程中，家长不能操之过急，如果孩子已经养成一些不好的习惯，改变和重新塑造可能是一个漫长的过程。

家长要注意哪几方面呢？

第一，注意自己和家庭中其他成年人的榜样作用。

小孩子的模仿能力极强，家长和教师很多不经意间的语言和行为都可能被孩子潜移默化地学到，所以，要培养孩子的好习惯，成年人首先要检点自己的习惯，并为孩子做个好榜样。

第二，给孩子提的要求要具体明确，符合孩子的年龄特征和能力。

对于年龄小的孩子来讲，要求越具体，他们就越容易做到。比如，对孩子要求“每晚按时上床睡觉”，就不如“每晚8:30上床睡觉”更合适。如果要求一个四五岁的孩子做事有计划，并按计划有始有终地完成，可能就超出了孩子的发展水平，他很难做到。

第三，方法要得当，不要让小孩子觉得是一件苦差事。

如果一件事情带给人的只有痛苦，恐怕没有人会喜欢并坚持做下去，所以，要培养孩子的好习惯，就要让孩子自己愿意。对于小一点的孩子，家长可以采用游戏的方式，比如玩完玩具要求孩子把玩具归回原位，家长就可以通过游戏“送玩具回家”（在孩子的房间里，让每件玩具都有自己相对固定的位置，在孩子小的时候就和孩子一起用游戏的方式整理玩具，如送小熊回“熊窝”，送小汽车回“停车场”，送积木回“城堡”……），让孩子慢慢养成这样的好习惯。对于大一点的孩子，家长可以通过讲道理，让孩子明白为什么这样做。

第四，一旦明确规范，就要严格执行，坚持不懈。

专家的研究发现，21天以上的行为重复会形成习惯，90天的重复会形成稳定的习惯。如此说来，“三天打鱼，两天晒网”是绝对不会形成好习惯的，而我们都知道小孩子做事耐性差，所以需要家长坚决而严格的指导与监督。

第五，及时肯定和鼓励会帮助孩子固化已经具备的行为，使之形成好习惯。

孩子有好的行为出现时，家长一定要及时对他进行表扬和鼓励，因为家长的肯定会强化孩子好的行为，使之形成好习惯。反过来讲，如果孩子的行为不对，家长的批评和责罚却并不一定能有效地抑制孩子的行为，甚至可能会强化孩子的行为，使之形成坏习惯，所以，这也就是为什么很多人会说“好孩子是夸出来”的原因。

第六，家长、学校与幼儿园应该统一要求。

所有的成年人对待孩子的要求一致，意味着相同的信息会反复输入孩子的大脑，易于形成神经联系，促使习惯的形成。最怕的就是生活在孩子周围的成人提的要求不一致，导致孩子手足无措，甚至形成投机心理。

俄国教育家乌申斯基对习惯做过一个形象的比喻，他说：“好习惯是人在神经系统中存放的资本，这个资本会不断地增加，一个人毕生都可以享用它的利息。而坏习惯是道德上无法还清的债务，这种债务能以不断增长的利息折磨人，使他最好的创举失败，并把他引到道德破产的地步。”所以，家长如果注重孩子好习惯的培养，那就等于帮助孩子存储了终生享用不完的资本。

2 依赖性

小琪已经6.5岁，马上要上小学了，到这时，妈妈突然着急起来，因为小琪什么都不会做，有时候吃饭还要奶奶喂，玩的时候玩具撒一地也不管，都是大人帮着收拾；早上起床也是奶奶把她叫醒，并给她穿衣、洗漱，之后，也是奶奶给她收拾好书包背到幼儿园里，交给老师。如果妈妈、奶奶不管，小琪就会不知所措，妈妈很担心她上学后该怎么办。

从妈妈的描述中，可以看出小琪是一个依赖性很强、独立性很差的孩子，她的依赖很明显与家中成人的教养方式有关，对孩子长期娇惯、包办代替太多，就容易导致孩子因为无能而不知所措，并形成包办—无能—依赖—不得不包办—更无能—更依赖……这样的不良循环。

如果家长到孩子快要上小学时才意识到需要培养一个独立的孩子，减少孩子对自己的依赖，就有些晚了，因为小孩子独立性发展的第一个敏感期已经错过，儿童发展心理学一直把两三岁作为孩子独立性发展的第一个关键期，这个时候，孩子突出的表现就是意识到“我”的存在，喜欢说“我要……”，并竭力想要自己做事，很多家长都能感觉到这个时候的孩子不那么听话了，有点执拗，却没有意识到这正是培养孩子独立性的最佳时期。孩子独立性发展的第二个敏感期就是青春期，对于这个阶段孩子的叛逆和对独立的要求，做家长的并不陌生，因为每个人都是从那个时期走过来。

很多人认为孩子过于依赖周围的成人，是独生子女教育无法避免的结果。诚然，因为只有一个孩子，家长会在孩子身上投入更多的期待、情感、时间和帮助，由此导致孩子对家长和家庭的过度依赖也就顺理成章，而且现实中也确实存在这种现象，孩子在上大学、甚至工作之后仍然会依赖家长，乃至孩子的孩子也几乎全由家长关照。其实，独生子女也可以有另外的解释：因为是独生子女，缺少兄弟姐妹的陪伴和相互关照，孩子可能会从小就很独立，有个性、有能力……为什么现实中很多孩子并没有朝这个方向发展，而是相反的例子更多呢？

首要的原因是，孩子从小没有养成独立的习惯。因为家长心疼孩子、不放心孩子自己做事，怕孩子受累、受苦，所以从小孩子的事情家长几乎都包办了：家长给他喂饭、洗漱、穿衣、收拾玩具和学习用品，陪他学习、检查作业……所以，一旦有一天孩子上学没有带尺子，他会怪家长没有给他塞进书包；上学迟到，会怪家长没有早早叫他；作业有错被老师批评，会怪家长没有给他检查出来；学习成绩不好，会怪家长文化水平太低，没有辅导好自己……直至有一天，工作没找到满意的，会怪家长没能耐；买不起大房子住，会怪家长没给自己攒下钱……千错万错，都是家长的错。

家长难道没有错？当然有！最大的错就是管得太多、做得太多。为什么家长会管得太多、做得太多？说到底是因为家长不信任孩子自己能行。家长应该相信孩子的成长就是慢慢从依赖走向独立的过程，相信孩子会有自己独立的人生，而不要把自己和孩子永远纠缠在一起，不要认为自己付出越多越伟大，并陶醉在自己的伟大贡献里。家长不要把自己的价值感完全建立在孩子的需要上，一旦如此，孩子走向独立，家长就不免会失落。

培养孩子的独立性，说起来很简单，就是信任和放手。信任孩子是家长放手的前提。说起来简单，可能做起来并不容易，尤其是孩子小的时候，要鼓励孩子从每一件小事开始：摔倒了尽可能自己爬起来；自己吃饭、穿衣、洗漱、收拾玩具和书包、和小伙伴玩；自己能有选择的权利，可以决定是否上兴趣班以及上什么样的兴趣班；自己能参与家庭事务的讨论和决定……家长的放手既是信任，也是尊重，培养的不仅仅是孩子的独立性，还有孩子的责任感、自我价值感和自信心，影响到的还有孩子能力和个性的形成。

在孩子独立性的培养上，家长不可以有急躁心理。孩子的成长是一个漫长的过程，独立性的培养同样也是一个漫长的过程，而且儿童期的独立只是一个相对的概念，它和孩子的能力成正比，相辅相成。伴随年龄的增长，孩子的独立欲和独立能力相对来讲也会越来越强。做家长的应该耐心一些，并学会等待，等待孩子自己尝试错误，并从错误中学习长大，而不是孩子一出现闪失，家长就惊慌失措，并立刻帮助孩子做所有的事情和所有的选择。

孩子独立性的培养不是从入学前才开始，而应该从孩子出生就开始了，和孩子的成长同步。但这不应该是家长忽视孩子的需要、撒手不管、只顾自己潇洒的借口。在培养孩子独立性的同时，必须要关注孩子心理上的安全感以及依恋情感的需要。孩子良好的独立性必须建立在良好的安全感的基础上，否则孩子不可能有真正的独立。在孩子三四岁以前，家长应该无偿满足孩子对亲密情感的需要，并给予足够的关怀和关注，否则就容易导致孩子因为缺乏安全感而纠缠家长。只有具有安全感、与家长有良好的依恋关系的孩子，到五六岁时，才会求知欲旺盛，并对外部世界充满探索的兴趣，为入小学接受正规的学校教育奠定良好的基础。

3 丢三落四

我的孩子刚上小学，学习、纪律各方面都很好，可就是爱丢东西，今天丢块橡皮，明天丢支铅笔；今天忘记带作业本，明天忘带老师要的东西，弄得我们三天两头给他买东西不说，有时还得到学校去送，长此下去这可不是办法，请问我们该怎样去纠正他？

其实这样的问题是很多孩子、特别是低年级孩子普遍存在的问题。笔者曾在小学一年级中做过相关调查，结果表明：100% 的孩子都丢过东西。有的是丢红领巾，有的是丢小黄帽，还有的丢了自己的月票，但绝大多数丢的都是文具，如铅笔、橡皮、尺子、转笔刀等，有的孩子甚至连书包都丢了，这些真是令家长感到非常头疼。

导致孩子丢三落四的原因是什么呢？

(1) 是和孩子对家长的过分依赖有关。现在的孩子，大多从小过着衣来伸手、饭来张口的日子。家长也普遍认为，这些事孩子大了自然就会了，不用这么小就“难为”他们。孩子呢，从小感觉收拾物品、管理物品这些事情就应该由家长做，从思想上形成依赖，所以什么事情都不上心，自我管理的能力自然就“萎缩”了，对自己，包括自己的物品负责任的态度当然就不可能有。况且，丢了就再买呗，结果导致孩子从小没有养成珍惜物品的习惯。

（2）是和孩子从小生活的家庭环境有关。很多家长没有形成良好的生活习惯，物品随处乱丢，没有固定摆放的地方。做事也是丢三落四，不是找不到这个东西，就是找不到那个东西，家庭也没有比较固定的作息时间，导致早上起床总是匆匆忙忙。在这样的家庭环境中长大的孩子，存在丢三落四的毛病并不奇怪。

（3）是与患有某些疾病有关。心理学研究认为，丢三落四的孩子大多都存在轻微的感觉统合失调，他们顾及不到这么多事情，很容易顾此失彼。还有一部分孩子可能有轻微的注意障碍，根本就没有听清老师、家长的要求，或者根本没有注意到自己正在做的事情，所以总是会丢三落四。

家长怎样来帮助孩子克服丢三落四的不良习惯呢？

第一，家长要学会“偷懒”，学会放手。

家长要学会做个“懒爸爸”“懒妈妈”，只要孩子力所能及的事情都要放手让孩子自己去做，不让孩子形成依赖心理。比如，每晚收拾书包、整理第二天早上要带的东西，家长可以帮助孩子学习简单的记录方法，给孩子一些提示，但不可以包办代替。

第二，帮助孩子形成规律的作息时间。

有规律的生活能有效地纠正孩子丢三落四的毛病。和孩子一起商量并明确一个适宜的作息时间表，让他们明白每个时间段应该干什么，形成一种固定的模式，日复一日，习惯、责任心、有规律的生活就会慢慢养成。

第三，从小培养孩子珍惜物品的习惯。

有的孩子因为家庭经济条件富裕，觉得丢掉一支铅笔、一个本子不算什么，不知道丢掉的东西值多少钱，就是知道也觉得无所谓，反正家长很快就会给自己买新的。所以他们不知道东西的来之不易，更不懂得珍惜。因此，家长从小在物质方面不要过于娇惯孩子，无限满足孩子的物质欲望不可能让孩子懂得珍惜。

第四，让孩子适当尝点“苦头”。

虽然很多家长都不喜欢自己的孩子丢三落四，可是一旦孩子丢了东西，因为怕孩子受老师批评、怕耽误孩子学习，很快就会给孩子送来或者买来新的。如此一来，孩子根本体会不到自己行为的后果。所以，在一些特定的时候，让孩子尝尝丢三落四的“苦头”是必要的：忘带作业了就要接受老师的批评；丢了橡皮了，可能一两天之内就要向同学借，或者作业被涂改得很乱；丢了小黄帽，就有几天没得戴，被扣分或受老师批评……这就是人们常说的自然结果惩罚法。

第五，通过记录的方式让孩子学会自检。

孩子丢三落四不是故意的，针对这样的情形，家长可以给孩子准备一个“提示本”，把每天计划要做的事写下来，然后做一件画一个勾，这样便于检查，不容易遗漏。也可以用便笺纸让孩子把自己容易忘记、容易丢的物品记下来，包括水杯、钥匙、手套、红领巾、月票卡、课本、作业等，并贴在门口附近，然后每天出门上学和放学回家的时候都看一看，检查一下。

第六，和孩子一起养成整理物品的好习惯。

很多家长由于工作繁忙，家里乱七八糟，找东西的时候总要浪费很多时间。这样的家庭环境造就的孩子也多半是随手乱放、随地乱扔东西的人。因此，从现在开始，全家就要共同养成物品分类摆放、物归原处、及时收拾房间的好习惯。每样东西都被放在相对固定的地方，不仅看得见的物品的摆放要有次序，就连抽屉、书包里的物品也要有序摆放，并经常整理。这样，既容易找到，也不容易丢失，即使丢了，也很容易发现。

第七，可以有意识地训练孩子的记忆力和对细节的关注。

在孩子小的时候，家长要从日常生活中的微小细节上培养孩子的注意力和记忆力。比如，和妈妈一同出门前，让孩子帮助妈妈想想，并检查要带的东西；上学前从头到脚检查自己，看看还有什么东西没带；每次把老师留的作业记在本子上。当孩子忘记了某件事情，家长不要马上提醒他，让他自己回忆。

第八，用宽容的心对待孩子的问题。

成长中的孩子在每个阶段都可能出现这样或那样的问题，教育孩子过于严厉、急功近利的方法不可取；孩子一出现问题，家长就过于焦虑，对孩子过于苛责也不可取。如果孩子太过在意犯错，总是害怕自己忘记什么东西，成天紧张兮兮地生活，这对孩子的健康成长和人格发展也是十分不利的。要记住：没有完美的孩子，就像我们本身不完美一样。

4 不爱清洁

今天儿子放学是哭着回来的，一问原因我们都想笑，竟是因为同学给他起了个“邋遢虫”的外号。说实话，儿子的邋遢确实也挺让我们无奈的，儿子已经6岁多，却一点也不爱清洁，经常早上换的干净衣服，下午就脏得不成样。吃饭吃得满脸都是，地上桌上一团糟。刷牙、洗脸、洗脚这样平常的事都要催他很多遍才不情愿地去，有时还通过睡觉来“逃避”洗漱。儿子尤其不爱洗澡，每次都得和他大费口舌，闹得很不愉快，有几次是他爸爸把他拖进卫生间才勉强洗的。唉，头疼死了！

无论是家长、老师还是同学们，都会喜欢一个干干净净、活泼可爱的孩子，所以，不爱清洁的孩子有可能会被群体孤立。其实，清洁是一个相对的概念，我们讲的爱清洁，不是指让孩子过度讲究卫生而因此妨碍了孩子的游戏。游戏中的孩子是投入的，弄脏衣服是正常的，这一点家长一定要理解。不要用清洁限制孩子的正常游戏，如果孩子怕弄脏衣服而不敢放开手脚玩，那就是限制孩子，剥夺了孩子发展的权利。我们这里讲的爱清洁是指利于孩子身体健康的洗漱方面的内容，如勤洗手、早晚刷牙和洗脸、勤洗澡、勤换衣服等。孩子小的时候应该养成良好的卫生习惯，但多数孩子都需要家长的反复提示和监督才能完成。

孩子不爱清洁的原因有许多，首先是由年龄决定的。爱玩是年幼孩子的天性，他们还意识不到讲卫生的重要性，他们不希望洗漱的时间耽误自己玩的时间。其次，就是家庭环境的影响。家长不爱清洁，比如家里乱七八糟、衣服不整洁、饭前便后不洗手等，又怎样去要求孩子呢？再次，有些孩子是因为依赖、懒惰的缘故，一直都是家长替他们洗漱，他们自己根本就没有讲卫生的意识，更没有形成讲卫生的习惯。

想想很多孩子的不喜欢，其实是有他们的理由的。比如，不爱理发的孩子有很多，有的孩子是不喜欢陌生人“主宰”自己，有的孩子是恐惧理发器发出的那种声音，有的孩子是怕碎头发扎到身上难受……也有很多孩子不喜欢洗头、洗澡，原因可能是有的孩子以前洗澡或洗头时曾有肥皂水流入眼睛，使孩子产生不舒适的感觉；有的孩子是因为水温不合适；有的是害怕淋浴头的水冲下来时那种令人窒息的感觉；还有的是家长替孩子搓澡或擦干身体时可能用力过猛；还有可能是在孩子正玩得津津有味的时候，家长强迫他去洗澡，违背了孩子的意愿，孩子因而拒绝洗头、洗澡。

家长应该怎样养育一个爱清洁的孩子呢？

第一，给孩子讲清道理。

五六岁的孩子尽管贪玩，但也能明白一些简单的道理。让孩子明白讲卫生与健康的关系，有利于帮助孩子养成良好的卫生习惯。孩子都喜欢看图画书，有些图画书也会提示孩子勤洗手、洗澡、洗头的好处，会对孩子有良好的引导作用。很多小女孩从小就很爱美，明白了清洁就是美的道理，自然更会有利于她们卫生习惯的养成。

第二，制定一些规则，由全家人共同来遵守。

把需要做的事情固定好时间，如饭前便后要洗手，每天几点洗脸、刷牙，睡前必须洗脚、洗屁股，每周都要洗澡、换衣服等。家长遵守规则的同时，再配合语言进行强化，比如对孩子说“洗干净手，吃饭了”“宝贝洗了澡真干净”，逐渐地，孩子形成简单的条件反射，就能养成良好的卫生习惯。家长以实际行动来影响孩子的行为，做好榜样，孩子自然而然就变得爱清洁了。

第三，用记录的方式激励孩子养成习惯。

养成习惯的最初阶段，家长可以和孩子一起设计一个表格。每天孩子完成后就请他用自己喜欢的小贴画一类的东西来做记录，并在周末进行一次总结，然后根据情况进行适当的奖励，巩固孩子习惯的养成。一旦形成习惯，就不需要奖励了。

第四，抓住一些恰当的契机进行随机教育。

在传染病流行期间，通过引导孩子观看媒体宣传、幼儿园的教育措施等帮助孩子固化一些好习惯。比如，在禽流感流行时，孩子在幼儿园每天都要洗手近10次，并学会了“六步洗手法”。再就是通过故事、身边小伙伴生病的例子，让孩子看到不爱清洁带来的后果。

培养孩子养成良好的生活卫生习惯并不复杂，但需要爸爸妈妈细致、有耐心，要持之以恒，与学校协调一致。退一万步讲，就算孩子每天像个小猪一样脏兮兮的，只要孩子健康、快乐地成长，家长也没必要为此焦虑。

5 做事拖拉

我家的孩子特别拖拉。每天早上总是在我们的反复催促下才起床，穿衣、穿鞋、刷牙、洗脸、吃饭都是慢腾腾的，很多时候，都是他爸爸风驰电掣般地把他送到学校才不至于迟到。做作业更能拖拉，30分钟应该完成的作业，他能拖拉2小时，一副心不在焉的样子，怎么催促都没有用，能急死人。

这样的抱怨我们经常从小学生的家长口中听到，但这种情况并不是从孩子上学才开始的，因为很多的家长在孩子上幼儿园阶段就抱怨孩子拖拉，并因为孩子的拖拉头痛过。在一些家长聚会中，只要留意听，就能时常听到这么一句话："我那孩子什么都好，就是太爱拖拉！"——看来孩子拖拉对于现阶段家长快节奏的工作和生活来讲，真的是一个不能忽视的问题。

在讨论孩子的拖拉问题之前，笔者觉得应该首先明确孩子是不是真的拖拉。如果按照家长的做事速度来判断，100%的孩子都拖拉，但很显然，这种判断是不公平、不合理的。因为年龄带来的能力差异，孩子做事的效率不可能赶上家长，所以，在这个问题上，家长首先要冷静地分析，学会用孩子的眼光看待孩子所做的事情，耐心一些、宽容一些。

当然，现在很多孩子也确实存在拖拖拉拉的问题，比如，洗脸、刷牙20分钟时间都不够；妈妈让收拾玩具吃饭，吆喝半天也没反应；不多的作业磨蹭2小时都做不完……

孩子为什么会拖拉，家长又该如何应对呢？

第一，孩子没有具体的时间观念。

对于5岁前的孩子来讲，时间是个很抽象的概念，家长所说的“只有5分钟了”“怎么拖拉半小时还没有完成”中的5分钟、半小时这些具体的时间概念对于他们来讲并没有什么具体含义，所以，家长催促的“再给你10分钟，要是还没做完，就……”是没有什么意义的。所以，一方面家长可以通过一些具体的感知和体验活动，如“体验1分钟的长短”“10分钟可以做完什么”等，让抽象的时间概念不再那么虚无。另一方面，小孩子尽管可能没有具体的时间概念，但快慢、多少的相对概念还是有的。有一位聪明的妈妈曾经因为孩子吃饭拖拖拉拉很伤脑筋，后来就用筷子进行比喻，结果很有效。那位妈妈是这样说的：“你看，老天赐给每个人的时间就好比这根筷子，长短都一样。如果你用了这么一大截的时间吃饭，那你看动画片、玩玩具、做其他事的时间就剩下这么点了；如果你只用这么一小截时间赶快把饭吃完，那你就会有很多的时间做自己喜欢做的事情。”这个生动的比喻让孩子很清楚地明白了时间的概念，于是很快就把饭吃完了，而且以后很少再拖拖拉拉吃饭。

第二，能力与要完成的任务有差距，孩子无法胜任。

速度与能力是成正比例关系的，能力最强的那个人，肯定是效率最高的。所以，如果感觉孩子太拖拉，我们就应该检讨是不是孩子不具备做这件事的能力，或者是没有掌握技能，或者是不熟练。对于大人来说很简单的小事，如洗漱、穿脱衣服、系鞋带等，如果孩子小肌肉精细动作发展不好，或者平时成人包办代替太多，孩子自己练习太少，那么孩子做起来可能就会很吃力。所以，一方面我们需要检讨对孩子的要求是否符合其年龄特点和能力；另一方面，孩子越是能力不行，家长越要在日常生活中放手让孩子做事，让孩子有机会得到锻炼，提升能力。

第三，孩子对要做的事情不感兴趣，消极“怠工”，以示“抗议”。

喜欢玩、喜欢有趣的东西，这是所有孩子的共同特点。几乎所有的孩子都会在某个阶段对家长提出的收拾玩具、赶紧吃饭、洗漱等要求表示“抗议”，其“抗议”的主要方式就是拖延，尤其是孩子正在看着动画片，妈妈却让其吃饭或上床睡觉时。和看动画片比起来，写作业也不那么讨人喜欢，所以，也有很多孩子写作业拖拖拉拉，尤其是对于教师布置的那些重复性的、练习性的、缺乏趣味和创意的作业，孩子拖拖拉拉也在情理之中。对于孩子不感兴趣的事情，家长可以用游戏和奖励的方法，也可以用小闹钟和孩子商讨时间的分配，并用小闹钟督促孩子学会自己掌握时间。

第四，注意力不集中，边做边玩。

前面谈到孩子写作业拖拉，可能还有一个原因就是孩子写作业时爱分心，边玩边写。应对这样的孩子，一方面，家长应该尽可能消除环境中让孩子分心的玩具和声音等干扰因素，为孩子创造一个安静的空间。另一方面，家长可以选用递增法逐渐延长孩子注意力持续的时间。如果孩子的注意力持续时间只有15分钟，那么孩子写15分钟后就让他玩一会儿再继续，之后一分钟一分钟慢慢增加，这样孩子坚持和专注的时间就会越来越长。家长不要期望孩子一下子把所有的作业都写完。另外，家长自己也要尽可能安静下来，读读书，看看报，做一些不出声、不转移孩子注意力的事，尤其不要在孩子学习时跟孩子唠唠叨叨，问这问那。

第五，拖拉可能与个性也有一定的关系。

反观我们周围的人，慢悠悠、做事拖拖拉拉的大有人在，与责任心有关系，也与个性有关系。对于天性慢半拍的孩子，家长不要期望改变孩子，这样的孩子永远不会变成急性子的人，所以，家长要学会宽容和接纳，同时运用上述建议尽可能地帮助孩子建立时间观念、让孩子学会管理自己的时间。

6 放学后的安排

我的孩子马上就要上小学了，看到周围许多上小学的家长为了送孩子每天都得早早加入上学大军，下午为了接孩子放学劳心费力，我真害怕呀。为了孩子，早一点上班也无所谓，可是，孩子放学以后怎么办呢？孩子每天都是3点多放学，接了孩子以后不可能每天都陪着他呀。特别是寒暑假，孩子在家除了写作业，就是看电视、上网玩游戏，时间一长，眼睛怎么能受得了，我该怎样帮助孩子利用好这些时间呢？

是啊，这是许多家有即将升入小学的孩子的家长忧虑的问题。对许多家长来讲，把孩子送到幼儿园是一件很放心、省心的事情。早上起床送去，下午下班才去接，一天吃饭、睡觉都不用管。孩子上小学后，休息时间越来越多，还有很长时间的寒暑假，怎么安排这些时间，家长感到很头疼。我们初步计算了一下，一年中，小学生的休息时间就有半年多。如果家长安排不好，会影响孩子的生活质量和健康发展。

怎样帮助孩子安排时间呢？

第一，放学后的安排。

在把孩子接回家前，可以先趁着大好阳光，让孩子在外面活动一下。因为孩子经过一天的学习，需要放松一下，时间大约为40～60分钟。然后，带孩子回家写作业。要给孩子创设一个独立安静的空间，并规定一定的时间，让孩子集中精力完成作业。这时，家长可以去准备晚饭，低年级的孩子家长也可以在旁协助督促孩子写作业。对于那些中午、下午都去小饭桌的孩子，家长在选择小饭桌时，要考察小饭桌的资质、质量，与那里的管理人员联系好，在接之前尽量让孩子完成作业，家长回家后只要检查就行了。完成作业后的时间，家长可以与孩子聊一聊一天的情况，允许孩子看30分钟自己喜欢的电视节目，也可以和孩子一起做游戏或读书。

第二，双休日的安排。

家长要和孩子一起商量出哪些事情是必须要做的，哪些是可以选择做的。比如，必须要做的事情有：写作业、看爷爷奶奶（外公外婆）、需要参与完成的家务等；需要选择的事情有：根据季节和天气安排外出游玩，跟家长参加朋友的聚会，也可以和孩子商量确定一项他自己喜欢的兴趣班去参加。当然，在兴趣班的问题上，家长一定要尊重孩子的意愿，从促进孩子的身心健康发展角度出发提出建议，然后让孩子自己来选择。否则，强硬地逼迫孩子参加了兴趣班，效果也是徒劳。

第三，寒暑假的安排。

要根据家长的情况进行相应安排。有假期的家长一定要带孩子进行一次长途旅游，因为孩子在与大自然的充分接触中，可以放松紧张的神经，开阔视野，陶冶情操，增进知识，强身健体，还可以提高自理能力。带孩子回老家探亲，也可以让孩子享受亲情的愉悦和田园的风光，他可以与泥土接触，与大海嬉戏，那种惬意，也是无法用言语表达的。

如果家长没有假期，可以把孩子交给老人看管，但一定要制订好计划。比如，每天应完成多少作业，可以看多长时间的电视，玩多长时间的游戏，户外活动玩多长时间等。家长和孩子协商出具体方案，老人负责督促执行。现在的孩子都懂得如何与老人周旋，如果没有具体方案，老人是没法管理孩子的，很容易让孩子形成一些不良习惯。家长也可以有目的地为孩子安排一个他真正感兴趣的事情来学习，如游泳、轮滑等，让老人帮助接送。

对于家长没有假期，也没有老人看管的孩子，家长要选择好托管班。现在社会上有许多各式各样的托管班，家长要全面考察，慎重选择。像上学一样，每天向老师了解情况，回家与孩子谈心聊天，关注孩子的情绪变化。等着周末再带孩子外出放松，让孩子度过一个愉快而有意义的假期。

假期中，家长还可以安排孩子完成各种有意义的活动。比如，鼓励孩子帮助家长做一些力所能及的家务，提高孩子的自理生活能力；带孩子去贫困山区、农村，感受那里的生活，让孩子懂得节约，学会感恩；让孩子参加同学举办的一些有意义的活动，允许孩子适当交朋友；还可以引导孩子多看新闻，关心国家大事，关心身边的事，等等。

和孩子一起制订计划时，家长一定要注意以下几点。

（1）要尊重孩子的意愿和兴趣，在孩子参与下制订的计划更容易实施。有些家长会选择和孩子签订书面协议，以督促其执行。

（2）计划的内容不要安排得太紧凑，使孩子没有喘气休息的时间。特别是学习内容不要布置得太多，否则会令孩子觉得厌烦。家长要引导孩子在规定时间内完成预定的内容，重质量而不重数量。

（3）在最初实行计划时，假若孩子无法依照计划行事（比如原先计划6:30起床，却往往拖延至7:00才起床），家长要避免挑剔或指责。孩子毕竟年龄小，做事的目的性、计划性、坚持性差很正常。如果计划刚开始就因为失败或者家长的指责功亏一篑，今后的计划就更不可能实施了。

7 三分钟热度

我女儿做事没常性。比如，新玩具刚被买回来时，她满腔热情，但是三分钟热度过去，很快地就对新玩具失去了兴趣。现在家里玩具一堆，却几乎没有她喜欢的，但是看见新玩具她还是吵着要买。玩玩具如此，做别的事情，也总是这里一下，那里一下，没有常性。在幼儿园中班时，要我在外面给她报舞蹈班，上了没多长时间她就不想上了。现在上游泳班也是，但我每次都还让她坚持下去。我现在就怕上学后女儿还是这样，怎样才能让她做事有常性呢？

上面这位妈妈谈到的问题不是个别现象，从小就能执着于某一件事情不改变的孩子，确实很少见，大多数孩子都兴趣广泛，且易变。其实，整个幼儿期的孩子都具有情绪化的特点，他们喜欢什么和不喜欢什么都没有什么道理可讲。他们的选择，包括他们做事都很容易受到周围环境中的人和物的影响而随时改变。

兴趣广泛、易变不完全是一件坏事，因为孩子所有的活动都受自己的需要和直接兴趣的驱使。正因为有广泛的好奇心以及对外部世界的敏锐感受，孩子才会不断地去探索物体，尝试各种事情，在获得全面发展的同时，逐渐确定自己稳定的兴趣爱好。家长尽可能不要用自己功利的心态来看待孩子的兴趣，让孩子尝试各种有益的事情是一件好事。再说，小孩子身心都处于迅速发展时期，他们对于自己和外部世界的认识都还很欠缺，不可能有客观的、稳定的判断，兴趣经常变化也在情理之中。

但是，如果孩子经常无法有始有终地完成一件事，家长就需要注意了，因为孩子上学后即将开始的正规的学习活动不可能完全依赖孩子的直接兴趣，因此帮助孩子发展有意注意和坚持性是非常必要的。一般来讲，孩子的有意注意能力和坚持性随年龄的增长而提高。幼儿期是坚持性发展的关键阶段。3岁孩子坚持性的发展水平很低，尽管他们开始有意识地控制自己的行动，但坚持的时间极短，三五分钟就不错了。比如，一个孩子为了得到妈妈奖励的巧克力，会尽可能控制自己不在客人在场时吵闹，但时间可能超不过10分钟。如果我们让孩子做的事情困难，或者很枯燥乏味，孩子更难以坚持完成。心理学研究发现，坚持性发生明显质变的年龄在四五岁，这是坚持性发展变化最迅速的年龄，也是其受外界影响波动最大的年龄。到五六岁时，很多孩子不仅在做自己感兴趣的事情时可以持续很长时间，就算不是自己的兴趣所在，为了达成既定的目标，他们仍然愿意付出努力，坚持20分钟左右，这也意味着孩子在为入小学、接受正规的学习，积聚能量，做好准备。

在培养孩子的坚持性方面，家长要注意什么呢？

第一，对孩子的坚持性有一个合理的期望值。

年龄小的孩子，其神经系统和身体机能很容易疲劳，由此导致孩子注意力易分散、转移，不愿持续地做一件事情。当孩子身体不舒服、情绪不好的时候，更不要勉强孩子坚持。考虑到孩子神经系统容易疲劳的特点，家长为孩子选择兴趣班或安排活动内容时，最好动静结合，不要给孩子太多智力学习的负担，不要让孩子在上学前就对学习产生厌恶和恐惧心理。

第二，永远把兴趣的培养放在首要位置。

“兴趣是最好的老师”。孩子做自己感兴趣的事时无须家长督促，即使时间长些也不容易觉得疲劳，遇到困难也不会轻易放弃。兴趣可能与天生的遗传基因有一定的关系，但主要还是由后天养成的，与家庭教养环境、家长和主要教养人的影响、教师、朋友、同学都有一定的关系，所以，孩子的兴趣不可能一成不变。家长可以通过潜移默化的身体力行，也可以通过共同游戏、表扬、鼓励等方式培养孩子有益的兴趣，尤其是对学习、求知和读书的兴趣。

第三，帮助孩子明确活动目标和结果。

对于五六岁的孩子来讲，活动不一定完全依赖直接兴趣，了解活动的目的和结果也有助于他们持续地做完一件事。比如，如果知道奶奶喜欢自己的作品，孩子会坚持完成一件建构作品或美术作品献给奶奶。家长不要给孩子讲太多的大道理，一般来讲，太遥远、无法触及的结果，对孩子的激励作用不大。比如，妈妈反复给孩子讲学了钢琴，将来高考时可以加分，或者将来好就业，这对于一个上高中的孩子可能管用，但对于一个五六岁的孩子来讲基本是“对牛弹琴”。

第四，运用递加的方法培养孩子的自控能力和坚持性。

如果家长无限制地满足孩子的各种要求，让孩子随心所欲，就会助长其自我中心倾向。过于以自我中心的孩子，不会愿意克服各种困难、坚持完成一件事。所以，家长可以在孩子想要结束活动，或者想要变化活动时，鼓励孩子再坚持一分钟，只要孩子多坚持了一分钟，就给予他鼓励。慢慢地，一分钟、一分钟的递加，时间就会不断延长，孩子的自我克制能力和坚持性就会越来越好。

第五，鼓励孩子们一起做事，发挥团队成员的相互激励作用。

不管是孩子还是成人，一个人做事坚持的时间总是不如两个人或者几个人在一起做事坚持的时间长。一旦有两个或者两个以上的人在一起做事，大家就可以相互交流，活动内容和活动过程就会富有变化，乐趣自然而然也就会多起来。当然，几个人在一起活动，可能还会让他们下意识里产生竞争和比较的心理，这也有利于他们坚持性的培养。

第六，恰当的奖励也是必要的。

年龄小的孩子坚持做有一定困难的事情时，一方面依赖其内在的需要和兴趣，另一方面依赖外在的奖励。也就是说内因和外因同时发挥作用，才能帮助孩子坚持完成任务。但是家长的奖励不要过于泛滥，应适可而止，具体做法请参见“赏识与奖励”话题。

8 零花钱

从孩子上小学一年级起，我就给孩子一些零花钱，以备他在特殊情况时用。一开始，孩子对钱不感兴趣，也不乱花，所以只要前一天的钱没花，第二天就不再给了。可过了一段时间，我发现孩子开始花钱了。他会从地摊上、小卖部买比较便宜的小吃，还会买一些新奇的小玩具或者稀奇古怪的橡皮等。这些东西既不卫生，有损孩子的身体健康，还会使孩子养成乱花钱的坏习惯。于是，我就把零花钱断了，不再给孩子了。可这样还是不行，孩子手里没有钱，就老吃同学的东西，也不像话。您说，我该怎么办？

关于该不该给孩子零花钱、该给多少以及以什么样的方式给，是让很多家长烦恼的问题。经过调查我们发现，绝大多数的家长认为，在孩子对钱有一定的概念后（五六岁左右），还是应该给孩子一定数量的零花钱。我们说的零花钱是指除孩子生活、学习之外的，孩子可以自由支配的那部分钱。我们先来看一下以下几个发达国家是如何对待孩子零花钱的问题的：

美国：鼓励孩子从小储蓄。在美国，34个州的3000所中小学生参加了一项储蓄计划——“为美国而储蓄”。在家庭和学校的理财教育方面，鼓励孩子打工。美国每年大约有300万中小学生在外打工。美国小孩常常将自己不需要的东西拿出来拍卖，以获得收入。美国股神巴菲特更是亲自教小孩理财。

英国：在英国，儿童储蓄账户越来越流行，大多数银行都为16岁以下的孩子开设了特别账户。有1/3的英国儿童将他们的零用钱和打工收入存入银行等金融机构。从2011年秋季起，储蓄和理财教育成为英国中小学生的必修课。

法国：家长给孩子设立账户。法国的家长在孩子三四岁的时候就开始对他们进行“家庭理财课程”的教育，让他们学会区分不同面额的钱币。法国的家长大多在孩子10岁左右时，就给他们设立一个个人的独立银行账户，并划入一笔钱。在孩子有了独立账户后，法国家长就不赞成定期给孩子发放零用钱了，而是借助一些特别的日子，如节日、生日等不定期地给孩子发放零用钱。

日本：主张孩子要自力更生，不能随便向别人借钱，让孩子自己管理自己的零用钱。许多日本学生在课余时间都要在校外打工挣钱。在给孩子买玩具时，无论高收入的家庭还是低收入的家庭，都会告诉孩子玩具只能买一个，如果想要另一个的话就要等到下个月。

——（转载自：杭州网，2010－11－30）

结合实际情况，家长也应该从小培养孩子的节约意识和理财观念。现在孩子的零花钱来源主要有两种途径：有条件的和无条件的。无条件的零花钱主要是由家长每周固定给予孩子，有条件的零花钱是家长奖励孩子努力完成了某项工作的报酬，比如做家务、卖废品等。

无条件给予的零花钱金额不要太大，我们认为一周最多不要超过10元。有条件的奖励也要有一定的原则，最好一次不要超过5元。也不能事事都奖，以免让孩子形成给钱才干活，没有钱就不出力的思想。

至于要怎么对零花钱进行支配和管理，家长要尊重孩子的意愿，可以给孩子一定的建议。不过,如果一次花费超过10元,家长就要参与管理。

在管理过程中，家长要注意些什么呢？

第一，孩子可以自由地支配零花钱。

家长要从孩子的角度去考虑，允许孩子去买食品和玩具。在学校中，一般孩子看到别的同学玩什么、吃什么，他就想要什么，否则可能会和其他同学没有共同语言。家长要理解孩子的这种从众心理以及对伙伴群体的归属感需要。可以帮助孩子把关、提建议，但不强制。比如，提醒孩子不要买地摊上的那些“三无”（无生产日期、无质量合格证以及无生产厂家）产品，对身体健康不利。

第二，要让孩子明白什么是必需的消费。

不能孩子一开口就满足他所有的要求，久而久之孩子会养成挥霍、浪费的习惯。孩子在消费过程中会不会乱买东西，体现出来的是孩子的自制力。家长在生活中必须从小教会孩子自我控制，让孩子明白自己真正的需求，引导孩子在花钱之前都能仔细想一想是否真有必要买这些东西。在和孩子约定好如何给零花钱后，家长要尽量遵守，不要因为孩子临时的要求，就放弃了事先的约定，只有这样才能建立家长在孩子心目中的信用度。

第三，无条件给予的零花钱不要太多。

家长应该给孩子创造赚钱的机会，让他能施展自己的理财才能。比如，可以让孩子帮着做些力所能及的家务并按时间和质量支付给孩子一定的报酬，让孩子明白劳动可以创造财富。但是，家长不要因为孩子成绩进步而给予他金钱奖励，要让孩子知道做个好学生是他的职责。

第四，让孩子把自己的零花钱花销都记录下来，学会记账。

家长不妨设计一张简单有趣的收支表，并根据孩子的花钱特点，确定表格的项目内容，最好避免烦琐的填写过程，以免孩子产生厌烦情绪。在孩子填写完成后，家长最好还能每月抽取固定的时间和孩子分析收支表，让孩子明白哪些是必要开支，哪些是可以节约的，这样能让孩子对自己的消费情况有所了解，以培养他形成节约和自己理财的习惯。

第五，教会孩子管理压岁钱。

除了零花钱，孩子还会有一些压岁钱，而且数目往往不小。对于压岁钱，家长一定要和孩子协商处理好。可以拿出一小部分让孩子自由支配，让他买点自己喜欢的“大件”物品，如比较贵重的玩具、自己喜欢的书籍等，但也要事先征得家长的同意。其他的可以给孩子建立一个账户，作为孩子学费、文具费、小饭桌费用的开支，也可以作为假期旅游的费用，或者是家庭添置大件物品时，让孩子承担一部分，培养孩子的责任感。同时，要让孩子明白压岁钱是中国的传统，包含了长辈对晚辈的祝福与鼓励。

9 家务劳动

我家的孩子都6岁了，什么家务也不愿意做。让他扫地、拖地，他就拿着笤帚、拖把乱抹，一会儿抹这里，一会儿抹那里，弄得满地都是水，有时还弄到墙上，最后，大人还得费好长时间去收拾，还不如不让他干呢。而且让他干，还怕耽误他学习。可是不让他做吧，长大了他什么也不会干。让不让孩子做家务可真是两难啊！

我想，没有哪个家长不希望自己的孩子乖巧懂事，能分担一些家务事的？然而，据目前对独生子女状况的调查结果显示：我国90%的独生子女从未做过或很少做家务劳动。有的家长心疼孩子，孩子想要动手，他们就说“这儿脏，你去玩吧”，把孩子打发了；有的家长怕做家务影响孩子学习，就会说：“看书去吧，这个不用你做”；有的嫌孩子添乱，比如刷碗浪费水，还容易把碗摔了，洗衣服洗不干净不说，还在那里玩起来没完。久而久之，打消了孩子帮忙的积极性，孩子就会认为没有什么需要自己做的地方，进而成为“懒”孩子。

既然做家务这么“难”，我们为什么还要让孩子做家务呢？

（1）做家务是在锻炼孩子的独立生存能力。我们先来讲一个专家们发现的现象：

蛾子在破茧而出之前，会一次一次地去撞击那个茧壳，撞一次掉下来，再撞一次又掉下来。这个时候就有“好心人”出现了：“哎呀，看它撞得这么痛苦，干脆我拿剪刀帮它剪开得了。”于是，这个“好心人”就把那个硬茧铰开，把那个小蛾子拿了出来。结果发现，这样出来的蛾子不会飞。有翅膀但是不会飞。为什么呢？专家们发现，蛾子撞击的过程其实是在练习飞行。而且撞击让它的翅膀充血，充血使它的翅膀有力量。这样，当它破茧而出的时候，它的翅膀才是有力量的。

这个故事让我们得到一些启示：我们的家长要让孩子在小的时候多吃点苦，多一些磨炼，长大后他才能拥有一双坚实的“翅膀”，独立地振翅高飞。因此，让孩子从小学习做家务，是在锻炼他们独立生存的能力，为他们今后的美好生活奠定基础。

（2）做家务是孩子应尽的义务。作为家庭成员之一，孩子应该尽自己的家庭义务。同时，家长接纳孩子对家庭事务的参与，也是在尊重他的参与权。

（3）做家务有利于培养孩子的责任感和热爱劳动、孝敬家长的良好品德。现在很多孩子不了解物质财富的来之不易，不了解家长工作的艰辛，不体会家长为家庭的付出，养成了“以我为中心”的自私心理。家长把做家务当作家庭教育的必修课，从小培养孩子热爱劳动、热爱家庭的感情，让他们知道家长的辛苦和养育之恩。孩子在明白做人道理的同时，也会给家庭带来一种融洽、和谐、欢乐的气氛。

（4）做家务本身就是一个学习的过程。孩子在做家务的过程中，体验了真实的生活，可以学到许多书本上学不到的知识。家庭是个小社会，家庭生活的内容涉及各种知识。许多孩子的小发明、小创造，大多是在家务劳动的实践操作中受到启发而产生的。多做家务，有利于孩子的智力开发。

（5）做家务能够提高孩子的自信。孩子都很希望享受自己的劳动成果。当家长发现孩子有非常强的劳动欲望时，让孩子做一些力所能及的事，会让他在劳动实践中增强独立意识，树立自信心，能够在承担中不断成长。

家长要从小培养孩子做家务的意识。先引导孩子从自己的事情做起，培养孩子自己的事情自己做的意识。比如，铺床叠被；洗袜子和小手绢；整理玩具、学习用品、书桌和抽屉；定期归类、整理自己的衣服、鞋子等。然后，再鼓励他帮助家里做事情。比如，开、关门；扫地、擦桌椅；饭前摆碗筷、端菜盛饭；饭后洗刷碗筷、收拾饭桌、倒垃圾，甚至下楼拿报纸、到超市买个简单的物品等。

教孩子做家务，家长不仅应该有正确的认识和态度，更重要的是能运用科学有效的方法。

教孩子做家务，有哪些方法呢？

第一，培养孩子的劳动兴趣。

兴趣，是做事情的最好原动力。在孩子小的时候，可以采用游戏形式让他参与。比如，“娃娃饿了，妈妈要做饭，请帮忙拿过酱油来好吗？”再如，请孩子当小小服务员，摆碗筷、收拾桌子等。孩子大点的时候，做完家务要及时对他进行鼓励。可以是言语上的奖励、行为上的拥抱，也可以给他一些零用钱，但不能让他觉得这是做家务的条件，否则，他可能会认为捡起自己的袜子，都应得到报酬。让孩子做家务，应用温和的语气、商量的口吻，不能以家长的权威强迫孩子，让他觉得做家务是一种负担。

第二，要交给孩子做家务的正确方法。

孩子喜欢劳动并不等于会劳动，家长一定要给孩子示范，耐心详细地介绍各种步骤、方法、要求和注意事项。特别是在使用电器、煤气、化学洗涤剂、刀具等方面，一定要向孩子讲明正确使用的安全常识。孩子学会后再放手让他独立去做。

第三，制定家庭公约，明确任务。

通过家庭公约的形式，明确每个家庭成员的任务，让每个人知道哪些家务是自己必须要做的，做到什么程度，同时起到相互监督的作用。在这个过程中，孩子就有责任感了，时间久了，就形成了良好的习惯。

第四，布置的家务要与孩子年龄、能力相适应。

家长要根据孩子年龄的不同特点，分配给孩子相应的家务劳动。比如，两岁的孩子让他帮忙拿拿东西，甚至整理衣服等，让他把做家务当成一种娱乐活动；四五岁的孩子能理解简单的指示，可以让他去拿报纸、送牛奶、倒垃圾等。到7岁时，孩子就能分担家庭的责任了。最初，最好是安排他摆餐桌或其他能带来满意结果的简单任务。家长一定不要急急忙忙让他做力不能及的事，应该让孩子向新的任务挑战，但必须能使孩子有完成它的愿望。

第五，要有足够的耐心，持之以恒。

孩子一开始做，肯定做不好，不要因为孩子的失误或“捣蛋”就呵斥打击他的积极性。家长应该在肯定孩子的成功之处后，再善意诚恳地帮助孩子分析不足之处，提出改进的方法，从而使孩子看到成绩，增强继续改进和提高的信心。另外，让孩子做家务时不要进行过多干预，因为孩子认为“这些活是我自己做的”，才会有满足感及幸福感。

此外，家长还要持之以恒地鼓励孩子克服困难、解决难题，锻炼孩子的意志力。

第六，家庭成员的要求应一致。

不要在家庭中出现爸爸妈妈要求孩子干活，爷爷奶奶却在旁边阻止或者完全“帮忙”，这样极其不利于孩子的成长。同时，家长在做家务时要起到榜样作用。现在的许多年轻家长在长辈那里也是衣来伸手、饭来张口的，自已都不干家务，怎么去要求孩子呢？

10 赖床

我儿子今年暑假结束就要上小学了，可他的赖床问题让我很担心。他从小就喜欢早上赖床，我们叫也不管用。我们夫妻俩上班早，一般喊他几声不起，就不管他了，由奶奶关照他起床上学。上幼儿园时没有严格的时间，晚一点也没关系，可是，上学后就不行了。如果迟到，会受到老师的批评。可如何改变他赖床的问题呢？

通常，家长会感到早上的时间很匆忙，自己要洗漱、做早餐，还要伺候孩子起床、吃早饭，然后抓紧时间送孩子去上学，以免孩子上学和自己上班迟到。如果这时孩子还赖唧唧不肯起床，起了床又磨磨蹭蹭，家长怎能不冒火、不焦虑呢？于是，家长的催促声、呵斥声和孩子的哭闹声交织在一起。

“一日之计在于晨”。我们一天的美好生活，怎能用这样的方式开启？！为什么家长不能换一种心态、换一种方式，拉开我们一天美好生活的序幕？

首先，要理解孩子赖床的心态。甭说是孩子，即使是成人，大多数也喜欢睡觉睡到自然醒。尤其是寒冷的冬天，被窝里暖暖和和，外面却寒风凛冽，谁不想缩在被窝里不出来啊。

小孩子赖床不起，不外乎以下三方面的原因：

（1）晚上睡得晚，没有睡够。一般来讲，六七岁的孩子一天的睡眠时间应该保证在10小时左右。但是，有很多调查发现，现在很多孩子的睡眠时间不足，这不仅会影响孩子第二天的学习和游戏，而且会影响孩子身体的生长发育。

（2）没有养成良好的生活习惯和有规律的生活。如果家长没有良好的生活习惯和作息规律，比如，晚上看电视、上网到很晚，吃饭时间不固定等，就很可能导致孩子没有良好的睡眠习惯和作息规律，进而影响孩子的睡眠。

(3)逃避上学。如果孩子的入学适应出现问题,或者在学校遇到学习、交往方面的困难，或者被老师批评、责罚，就可能导致孩子不愿意上学，对上学产生畏惧或厌恶心理，然后以早上赖床不起的消极形式表达出来。

解决孩子早上赖床的问题，家长要从哪几个方面着手呢？

第一，让孩子早睡早起，养成良好的生活作息规律。

家长应该尽可能为孩子营造安静的睡眠环境，尽可能保证孩子10小时的睡眠时间。让孩子的睡眠时间和起床时间固定，形成习惯后，身体内的生物钟就会起作用，这样孩子早上起床就不会有很大困难。

第二，了解孩子在学校出现的状况。

无论是上小学还是在幼儿园，家长平时都要注意观察孩子的状态，多和老师交流，一旦发现孩子有不良情绪，应及时帮助孩子疏导，不要让孩子郁结在心。

第三，让小闹钟的音乐叫醒孩子。

在孩子四五岁开始学习认识钟表的时候，家长就可以带孩子去买一个孩子自己喜欢的闹钟，让他选择自己喜欢的闹钟音乐，然后根据上幼儿园或上学的时间上好闹钟，每天让孩子在闹钟的音乐声中，而不是家长急躁的叫喊声中起床。

第四，营造愉快的晨间情绪氛围。

早上的心情会对一天的心情有很大影响，所以，家长早上不要和孩子发脾气。孩子起床之后，用音乐或者孩子喜欢的故事CD陪伴孩子穿衣、洗漱和吃早餐。家长和孩子要在前一天晚上准备好第二天早上要穿的衣服和要带的用品，以减少早上不必要的忙乱。

第五，给孩子留出缓冲的时间。

如果孩子喜欢醒了再睡一会儿，家长可以和孩子商量叫醒他的时间，比如叫第一遍后，他可以再赖5分钟，叫第二遍时就必须起床了。孩子自己定闹钟也可以定两次，给自己留出缓冲的时间。如果孩子动作慢，就早几分钟起床，避免因时间仓促吃不好早餐，影响孩子身体的生长发育和健康，尤其要避免在路上边走边吃早餐。

第六，自然结果惩罚法。

如果前面几种方法都不管用，那就只有让孩子自己承受晚起迟到受老师责罚的结果，让孩子从心里明白赖床迟到是自己的事，是要付出一定代价的，让孩子对迟到产生畏惧感。当然，如果孩子最近一段时间不赖床了，不要忘了适当给孩子一些奖励。

家长如果想要纠正孩子赖床的毛病，不能急躁，只要温柔而坚定地让孩子起床就可以了。坚持很重要。坚持可以帮助孩子逐渐形成有规律的生物钟，让孩子慢慢具备自我调整的能力。

11 保护视力

我的孩子马上就要升入小学了。最近，我发现孩子看东西老是眯着眼睛，而且看一阵东西就揉眼，是不是孩子患近视了？幼儿园每学期都会给孩子查视力，孩子视力都在0.8左右，保健大夫说属于正常范围。那么孩子到底怎么了。孩子上小学后，用眼压力会加大，怎样保护孩子的眼睛呢？

眼睛是心灵的窗户，家长都希望孩子拥有一双明亮、美丽的眼睛。可是调查发现，孩子眼睛不好的越来越多，有的近视，有的远视，有的散光，还有的患有眼癌。从幼儿园测查视力的结果来看，大班的孩子，40人中眼睛不好的占15%～20%，比前些年明显增加。从事眼科20多年的郑州大学第四附属医院眼科副主任医师刘向前也深有感触："20多年前，来看屈光不正的都是高中生，小学生一周也难见一两个。现在只要我坐诊，每天都有4～5名小学生。"

眼是人体生长发育最快的器官。在其快速生长发育的过程中，又具有阶段性。自出生到3岁，主要完成眼的结构发育，而4—13岁，基本完成眼功能的发育。一般来讲，2岁时孩子的视力可达0.5；3岁时可达0.7；4岁时为0.8；5岁时大多能达到1.0。针对上述案例中的情况，家长最好带孩子去眼科医院检查一下，如有问题，及早接受治疗。在日常生活中，家长也应该引导孩子注意用眼卫生。

影响孩子眼睛发育的原因及其防治方法有哪些呢？

第一，先天不足和遗传因素。

有的母亲在怀孕期间缺乏蛋白质和维生素等营养成分，导致胚胎的眼球、巩膜组织发育得不完善。另外，早产也是近视的一个患病因素。调查分析证明，近视眼约65%是由遗传决定的，35%是由环境所决定的。如果家长有一方患有高度近视，孩子得近视的概率也很大。因此，家长平时也应该注意自己的用眼卫生。

第二，用眼时间过度。

在社会竞争日益激烈的今天，家长都希望自己的孩子掌握更多的本领，于是不顾及孩子的视觉发育，在这一时期让孩子学很多东西。而孩子的眼球正处在发育阶段，调节能力很强，眼球壁的伸展性也比较大，长时间进行阅读、书写等近距离活动，不仅需要眼的调节作用发挥，双眼球还要内聚。长此以往，眼外肌对眼球施加一定压力，久而久之眼球前后轴就可能变长，导致近视。因此，家长要特别注意限制孩子的近距离作业时间，一般每次不应超过30分钟。可以经常带孩子向远处眺望，引导孩子努力辨认远处的一个目标，这样有利于眼部肌肉的放松，预防近视眼的发生。

第三，用眼习惯不良。

看书、写作业姿势不正确是导致孩子患近视眼的一个重要原因。有的孩子无论是躺着、走路还是坐车都在看书，有的孩子写作业时眼睛距离作业本过近，还有的斜着身子，这些都容易造成视力下降。医生指出，看书写作业时，眼睛和书本的距离应保持在30厘米左右。孩子连续看书写字的时间不宜过长，大约30分钟左右就应休息一会儿。看书写字的姿势应端正，不能走路看书或躺着看书，更不能在强烈的阳光下看书写字。此外，看电视时也要注意距离，电视亮度应适中。

第四，光线亮度和桌椅的高度不合适。

首先，学习时的照明度要合适，光线不要太强或太弱，最好使用护眼灯，灯的光线从左侧照射。其次，桌椅的高度也直接影响孩子身体和视力发育。椅面距地面的高度应与小腿长度一致，即孩子坐在椅子上大腿与小腿成直角。这样能使臀部和大腿在椅面上着力均匀，两脚能起支撑作用，可保持下肢良好的血液循环，减少下肢疲劳。桌面与椅面的间距应为25～30厘米（桌椅高度差）。桌椅高度差太大，孩子读书、写字时两肘不能自然地落在桌面上，便会高耸双肩或右肩高耸左肩低斜，使脊柱呈侧弯状态，久而久之会形成脊柱侧弯。反之，桌椅高度差太小，孩子读书时会出现低头、弓背和上体前倾现象，时间久了会出现脊柱后突，造成视力不良。此外，经常前倾伏在桌沿上，还会压迫胸腔内的脏器，影响呼吸、血液循环和胸骨发育。所以，家长应根据孩子生长发育的变化适时调整桌椅的高度，尽量求得合理。

第五，睡眠不充足。

有的孩子睡眠时间过短，造成眼睛不能充分休息。因为眼睛在睡眠状态下，肌肉放松得最充分，最易消除疲劳，也是保证身体健康所必不可少的。同时，在睡眠时人体的内分泌激素增多，这对儿童的生长发育也很重要。为了保证充足的睡眠，最好让孩子在入学前就养成晚上8点半之前入睡，早上6点半起床的良好习惯，并定好闹铃，鼓励孩子自觉起床，不赖床。

第六，严重偏食。

有些孩子偏爱甜食，不爱吃蔬菜，导致身体内的维生素摄入量过少，影响眼睛的发育。糖在体内代谢时需要大量的维生素 B_1，如果糖分摄取过多，维生素 B_1 就显得不足了。维生素 B_1 缺乏会使视神经生长发育受影响而导致视力的减退。过多地摄取糖分也会降低体内钙质，使眼球弹力减弱，加剧近视眼的发生。因此，为了孩子有一双明亮的眼睛，家长要保证孩子营养摄入均衡，教育他不偏食，保证孩子获得眼睛生长发育和维持功能所需的各种营养。对已经患了近视眼的孩子，也可以辅用食疗。比如，让孩子少食酸甜食品，多食一些健脾养胃和补益气血的食物，如龙眼肉、山药、胡萝卜、山芋、菠菜、小米、玉米等。也可多食用一些桑葚、黑豆、红枣、核桃仁等能养心、安神、明目的食品。此外，补充锌和铬等元素也很重要。黄豆、杏仁、紫菜、海带、羊肉、黄鱼、奶粉等含锌量较高；谷物、肉类、肝类等食物中含铬也较丰富。

第七，经常带领孩子做眼保健操。

眼保健操是人们根据祖国医学的经络和推拿学说的原理，结合医疗体育而成的一种保护眼睛的自我按摩法。通过按摩眼睛四周的穴位以增强眼眶的血液循环，改善神经营养，消除眼内的过度充血，达到消除眼疲劳的目的。实践表明，坚持做好眼保健操，对保护视力、预防近视具有一定的意义。孩子每天可选择在学习中间的休息时间做数次。

此外，保护好孩子的眼睛还应避免外伤。家长要教育孩子在摔倒、磕伤时，先抱头保护头颅和眼睛，在打闹时不拿尖锐物品，避免戳伤眼睛。尽量不让孩子放鞭炮，防止炸伤。

12 小胖墩

我女儿从小就很漂亮，大大的眼睛，白白的皮肤，见了她的人都说她很可爱。可就是偏胖，吃东西没个够，不让她吃她就喊饿，所以现在越来越胖。班里的小朋友老笑话她，做游戏都不愿跟她一个组，嫌她影响组内成绩。随着年龄的增长，她也知道爱美了，也懂事了，小伙伴都叫她“小胖墩”，她感到很难过，变得有点自卑。马上要上小学了，她怕新同学不喜欢她，于是就总想减肥不吃饭，真担心这样下去会影响孩子的生长发育。

随着经济的发展和物质生活水平的改善，越来越多的孩子加入了肥胖儿童的行列。天津市妇女儿童保健中心发布了2010年3—5月对全市50个幼儿园的2万余名2—6岁儿童进行的健康体检结果，其中学龄前儿童的肥胖检出率为8.2%。天津市妇幼保健中心儿保指导科主任医师刘功姝介绍，与2005年5.6%的数据比较，该年龄段儿童的肥胖率正在以每年0.5%～1%的速度递增，且随着年龄的增长，中、重度肥胖儿逐年增加。

那么，怎样才算肥胖呢？一般认为，身高（厘米）减去105为标准体重（公斤），即标准体重（公斤数）= 身高（厘米数）－ 105。超过标准体重10%为“超重”，超过标准体重20%被认为是肥胖（也有人认为超过标准体重30%才算肥胖）。

肥胖会给孩子带来很多危害。首先，肥胖致使脂肪在脑组织堆积过多，形成肥胖脑，使大脑沟回紧紧靠在一起，皱褶减少，大脑皮层变得光滑，神经网络发育差，智力水平降低，大脑反应不敏捷。其次，肥胖的孩子因为身体比较臃肿、动作笨拙，再加上不愿意参加运动，使得小伙伴不愿意与他们玩耍，甚至遭到讥讽取笑。时间久了，容易让孩子变得自卑、孤独，影响孩子的心理发育。第三，肥胖的孩子因常食入过多的脂肪和高热量食品，有可能导致性早熟，从而埋下成年高血压、心脏病、动脉硬化、肿瘤、糖尿病等疾病的祸根。

针对“小胖墩”似的孩子，家长应注意些什么呢？

第一，要调整膳食结构。

- 限制孩子高热量、高脂肪、高糖、高胆固醇食物（如肥肉、动物内脏、油炸食品、奶油甜点、坚果类、巧克力等）的摄入。可生食的食物尽量生食，这样的食物热量低且营养成分高，能使体内处于热量负平衡状态，以消耗体内脂肪。
- 限制孩子精细主食的摄入。鼓励孩子多食糙米类、全麦类食物（如糙米饭、麦片）和玉米等。这样既能减少热量摄入，又可饱腹。
- 限制孩子食盐的摄入。食盐摄入量为正常儿童的1/2，以减少水钠滞留并可降低食欲。
- 保证孩子含蛋白质食物（鱼、瘦肉、豆类及豆制品）的摄入，以防减肥影响孩子的正常生长发育。
- 保证孩子含维生素、矿物质食物（含水分多的蔬果：黄瓜、冬瓜、白萝卜、生菜、西红柿、西瓜；含纤维多的蔬菜：芹菜、竹笋、菠菜、白菜、胡萝卜、蘑菇、海带、木耳）的摄入。水分和纤维多的蔬果热量低、体积大，可增加饱腹感；同时可促进脂肪代谢，使脂肪难以堆积。

- 保证孩子每日饮4～6杯水，以清理脂肪，输送营养。

家长切记：在调整肥胖孩子的膳食结构时，勿禁其食喜爱的食物，免得其偷吃反而造成多食。只有在孩子能享受（限量）美味佳肴、心情愉快的情况下，方能使减肥奏效。

第二，要调整饮食习惯。

- 少吃多餐。改变传统的三餐制模式，化整为零。孩子一日可食5～6餐，以避免血糖骤升而使脂肪积蓄。
- 晚餐少食。孩子早餐多食而晚餐少食，可使热量在新陈代谢旺盛的上午耗掉，以免在活动少、代谢慢的晚间使脂肪积聚于体内。
- 忌不食早餐。日本相扑队员一般都是空腹锻炼，中午大吃而增重。所以切忌孩子不食早餐，午餐又猛吃的做法。此外，要让孩子在饥饿前进餐，以防其饿极大吃。
- 孩子想吃东西时，可让其先喝杯水。饭前吃水果、喝汤可以使肠胃获得满足感而抑制食欲。
- 让孩子在舒缓的音乐下慢食（每口饭嚼10～20次），可提早产生饱腹感；让孩子先食其钟爱的食物，有利于孩子食至八分饱而离席。
- 鼓励孩子不吃零食。告诉孩子食物只在进正餐时吃，饭后要立即刷牙，以限制孩子进食的机会。

第三，需要增加运动量。

家长要陪孩子一起跑步、踢球、跳绳、游泳、爬山等。这些有氧运动，在提高孩子运动兴趣的同时，可以帮助孩子减肥。

第四，不要给孩子心理负担。

家长应该跟教师和其他亲人沟通好，不要过于“关注”孩子，让孩子有心理负担。教师也应该关注其他小朋友的表现，不要出现欺负、蔑视肥胖孩子的现象。如果能带动孩子一起游戏，让孩子通过参与活动来减肥那就更好了。家长、教师还要经常与孩子沟通，关注其心理变化，做好思想工作。

13 疾病与保健

孩子身体健康是家长最关注的事情，可是我的孩子身体从小就不是很好，上小班时一个月就生一次病，现在上大班稍微好点了，但每次班里只要有小朋友生病，他准跑不了，不是发烧就是咳嗽，而且会经过好长一段时间才会好。最近，班里有个小朋友长了水痘，我们就吓得不敢让孩子去上幼儿园了，怕被传染，这可怎么办呢？眼看就要上小学了，孩子老生病就会耽误学习，真急人。

这位妈妈的心情我们非常理解，孩子身体健康是家长最关心的事情。尤其是上小学后，学习任务繁重了，如果孩子没有一个健康的身体，耽误他的学习不说，还会影响他的入学适应。

对于这些身体素质差、容易生病的孩子，家长应该怎么做呢？

第一，要注意孩子身体的营养摄入全面而均衡。

现在每个家庭生活状况都好多了，生活水平也在不断提高，但有些家长不太了解营养学的基本知识，认为关心孩子，就要让孩子吃最好的、最有营养的，天天大鱼大肉，甚至有些家长听信广告宣传，给孩子（尤其是体质弱的孩子）盲目添加营养保健品，这些不仅无助于孩子的健康，反而可能是有害的。健康的饮食结构应该是全面而均衡，家长不是营养学家，无须记住孩子每天摄入多少克蛋白质、多少克维生素，只需要记住粗粮、细粮、蔬菜、水果、肉、鱼、蛋、奶等每天都需要吃一些，粮食和水果蔬菜要多，蛋白质适当，其他的少一些，孩子的零食要限制即可。

第二，要加强运动，增强孩子的体质。

孩子不可能生活在真空中，越是体质弱的孩子越不可以一味地保护。在传染病流行期间，尽可能少带孩子去公共场所是对的，但不是不出门。家长在保证孩子营养摄入均衡的情况下，要鼓励孩子多做一些运动，如跑步、打球、跳绳等。增强孩子的体质，就是增强了孩子对于疾病的抵抗能力。在体育运动方面，家长自己一定要养成运动的意识和好习惯，再坚持不懈地鼓励和带动孩子。

第三，掌握一些常见病的护理保健知识。

对于一些常见病，家长要具备一定的预防和护理常识，把病菌扼杀在摇篮中，即使生病，也能让孩子尽早康复。就拿孩子经常患的感冒疾病来说：

- 感冒是上呼吸道感染的一种类型。90% 是由病毒导致的，用抗生素治疗无效；10% 是由细菌导致的，用抗生素治疗有效。因此，不要一感冒就给孩子吃抗生素。
- 预防：通常，受凉、疲劳、精神不舒畅、营养失衡等都会导致孩子感冒。因此，为了避免孩子生病，在温差过大时，家长要注意给孩子增、减衣服；带孩子玩耍时要适度，不要让他兴奋过度，比如周末连玩两天，周一就很容易感冒。一定要保持其生物钟正常运行；多和教师沟通，保持孩子心情舒畅；孩子两岁之后，应以粮食为主食，并多吃新鲜蔬菜，不能过多地吃酸性食物（肉、海鲜等），不然容易上火，致使抵抗力下降。此外，因为感冒病毒以空气传播为主，因此不要经常带孩子逛超市，家里也要常通风，即使是在冬天。

- 治疗：除在发病后及早到医院求医治疗外，还要尽量让孩子卧床休息、多饮水，食用流质或半流质食物，进食后以温盐水或温开水漱口，保持鼻咽及口腔清洁等。

14 行为问题

儿子现在上幼儿园大班，在班里属于让老师比较头疼的孩子，上课坐不住，不是和旁边的小朋友说话，就是玩小玩意，甚至老师讲着课，他就已经和别的小朋友在地上滚起来了。他还经常和小朋友打架，把别人打哭了的事情经常发生，每次去幼儿园接他，我就怕老师跟我说话，告他的状。其实我们对他管教挺严的，因为他太调皮，他爸爸也没少揍他，可好像一点也没用，他都成“问题儿童”了。还有3个月就他该上小学了，这可怎么办啊？

我们非常理解这位妈妈的着急和无奈。无论是教师还是家长，都喜欢乖顺、听话的孩子。可惜，养育孩子不可能一直那么顺心如意，无论什么样的孩子总会有段时间因为某些事情在某些场合，做出一些行为让我们生气。但是，孩子的行为是否属于问题行为，不能简单地以是否给我们增添麻烦作为标准。

国内外现阶段评估问题行为的主要手段是儿童行为量表和儿童行为问卷。依靠这些相对可靠的量表和问卷进行测量，才可以对孩子的行为做出评判。家长和教师，不是专业的心理学工作者，不可能对每个孩子的行为进行检测，我们主要评判的依据是相应年龄的正常孩子的正常范围。如果孩子的行为在严重程度和持续时间上都超过了该年龄所允许的正常范围，即被视为问题行为。比如，正常的6岁孩子之间相互打打闹闹很正常，如果您的孩子每天都会有数次把别的孩子打哭就不太正常了；一般来说，6岁的孩子有意注意可以维持15～20分钟，如果您的孩子始终无法专注做事，连五六分钟都坐不住，那这就是问题行为了；如果孩子因为紧张或者无聊偶尔咬一下手指是很正常的，但若您的孩子经常咬手指，手指已经被咬得变形了，那就是问题行为了。

一般来说，孩子的问题行为大致可以分为外倾型和内倾型两种，外倾型大都与行为有关，如打人、破坏、偷窃等；内倾型多与情绪有关，如孤僻、过度怯懦、吃手、乱发脾气等。五六岁孩子常见的问题行为有打人、破坏、缺乏自制、注意力不集中、说谎、任性、孤僻、自卑、过度依赖、吃手、尿床等，进入小学低年级，还可能增加厌学、学业不良、违抗等问题。

在对待孩子的问题行为上，家长应该明确哪几点呢？

第一，孩子的问题行为是相对的。

这里说所说的相对有两方面的含义，一是相对于正常的同龄孩子，孩子的行为偏多或者不足；二是孩子的问题行为不是天生的，也不是永远不变的，只要我们有足够的爱心、耐心和智慧帮助孩子，孩子的行为就会得到改善。

第二，要消除孩子的问题行为就必须铲除其产生的家庭土壤。

家长不良的教养态度、方式和行为是导致孩子产生问题行为的主要因素，只有家长转变教养观念，对孩子不溺爱、不骄纵、不冷漠、不剥夺、不压制、不暴力，才有可能有效地预防孩子出现问题行为。心理学研究表明，如果家长经常对孩子采取强迫、威胁、打骂、拒绝、漠视、讥讽等教养手段，孩子就有可能表现出强烈的攻击性和反社会倾向。比如，上述案例中妈妈谈到对儿子要求挺严，因为儿子不听话，父亲也没少揍儿子，结果却一点也没用，导致儿子几乎成为“问题儿童”。如果家长对孩子过于溺爱和娇惯，放在手里怕摔着，放在嘴里怕化了，那就有可能导致孩子过于依恋和退缩，在交往方面也会表现得很怯懦，自制力和意志力缺乏。家长的过度保护反而剥夺了孩子自由、自主发展的机会，孩子因为缺少锻炼而表出现一系列情绪、个性和行为问题。

第三，从小就“关注”孩子的工作状态也会有效预防孩子的问题行为。

这里所说的“工作”，是指与孩子发展有关的所有活动，包括游戏、运动、阅读、美工活动等。我们发现，很多孩子的问题行为与他们对活动不感兴趣、不投入、无所事事有关，处于无聊状态的孩子最容易出现我们所谓的“问题行为”。一方面可能是因为我们提供给孩子的活动内容和活动材料与孩子的兴趣和发展水平不相符，另一方面也可能是因为孩子从小没有养成专注做事的习惯。对于上述案例中孩子在课堂上的表现，一方面教师需要检讨自己选择的教学内容和教学方法，另一方面家长需要反思自己在养育孩子的过程中是否意识到孩子专注力的培养。

第四，奖励法通常被用于纠正孩子的问题行为。

通常，行为的后果会影响行为重复出现的可能性。如果孩子在某种行为之后，得到了家长和老师的关注和表扬，他就可能不断增加这种行为的次数；反之，就会不断减少。家长和老师的态度成为孩子行为出现的积极或消极刺激，积极的刺激会增加行为的重复，而消极的刺激则会减少其行为的重复。

但是，像上述案例中爸爸打孩子给予孩子的是消极刺激，但为什么一点用也没有呢？在这里，再次提醒家长一定要谨慎使用惩罚的手段，尤其不要体罚孩子，这是因为：其一，惩罚可能会成为负强化。如果家长在孩子表现正常或者表现很好的时候，一点也不在意孩子，只有在孩子出现某种问题行为时才对孩子大喊大叫，那么，家长的行为实际上已经成为一种负面强化，孩子会用自己的问题行为吸引家长的注意。其二，家长会成为孩子行为的模仿对象。如果家长遇事就知道发脾气、不理智，那么这些行为就可能被孩子模仿，使孩子成为一个缺乏自制力、简单粗暴的人。其三，惩罚还可能引发孩子的负面情绪和对抗行为。如果家长对孩子过于严苛，可能会引发孩子的逆反心理，让孩子产生对抗情绪和对抗行为，结果家长越是不让干什么孩子越要干。

第五，可以尝试利用家庭契约帮助孩子纠正问题行为。

对于五六岁以上的孩子，家长可以考虑和孩子制订家庭契约，帮助孩子慢慢学会管理自己的行为。在契约上要写明目标、怎样达成目标、有效期、奖励及惩罚措施，最后契约双方都要签字。制订家庭契约应该注意：契约不是家长单方面给孩子提的要求，应该是家长和孩子相互协商的；契约确定的目标最好具体明确、难度适中，不要让孩子感到难以实现；契约一旦立好，必须严格执行，不能“三天打鱼，两天晒网”。

下面是一位妈妈和她的6岁半的儿子订立的关于不睡懒觉的家庭契约，大家可以参考。

关于浩浩不睡懒觉的家庭约定

目　标：浩浩周一至周五每天早上7点准时起床。

做　法：浩浩自己定闹钟，闹钟响过后，自己穿衣起床洗漱。

妈妈每天早上6:30起床负责做饭。

有效期：本学期开学到放寒假。

奖　惩：如果浩浩一周五天都能做到，周六、日两天早上可以睡懒觉到9点，并多看1小时的动画片；如果浩浩一周有一天没有做到，则取消周末一天看动画片的权利，如果一周两天（包括两天以上）没有做到，则取消周末两天看动画片的权利。

儿子：刘浩（自己签字）

妈妈：王洋（自己签字）

2010年8月28号

第六，与幼儿园、学校密切配合，协调一致地引导孩子。

家庭内部成员对于孩子的问题行为应该首先统一意见，并和幼儿园、学校老师保持密切沟通，家园（校）双方要形成教育的合力，协调一致地引导和帮助孩子才会真正有效。

15 自我保护

今早送孩子上学，发现校门口围着好多学生家长，议论纷纷的，原来是一学生家长送孩子上学时没控制好车，所骑电动车撞伤了几个孩子，被撞伤的孩子已被送往医院。现在，越来越多的不安全因素和校园暴力事件，令我们家长忧心忡忡。上学、放学路上，怕孩子出交通事故；在校又担心发生暴力事件和磕伤、摔伤、踩踏事故；中午在“小饭桌”吃饭又怕卫生出现问题，安全问题真是令人担忧啊。

目前，校园安全已上升为国家安全，安全教育也成为中小学教师和广大家长的重大课题。鲜血的教训一次又一次地提醒人们，要提高思想认识，强化校园安全意识，采取切实有效的措施，确保孩子的安全。同时，我们的学校和家庭也要加强对孩子们的安全教育，培养孩子们的安全意识和自我保护能力。

具体来说，家长应该怎样做呢？

第一，上学、放学路上要让孩子注意安全。

对于低年级的孩子，家长一定要接送。没有条件的，最好与孩子的同学家长商议轮流接送或雇专人接送。大一点的孩子自己上、放学一定要结伴而行，这样在遇到意外时可以互相帮助。

（1）交通安全。让孩子懂得：在自己遵守交通规则的同时，一定要提醒家长按信号灯和规定路线行驶；自己在马路上行走一定要走人行道，不要边走边玩，也不要边走边看书。如果是几个人一道走，要排好队靠边走，队伍应竖排，不要横着走，以免妨碍别人走路；不和同伴在马路上打闹、游戏；乘坐汽车时不要将头、手伸出窗外。在车上不要到处乱跑，以防汽车刹车时，撞到硬物上；下雨天特别要注意前后的车辆，最好穿黄色的雨衣、雨鞋，打黄色的雨伞，以引起驾驶员的注意。打雨伞时，雨伞不要挡住视线，更不能把雨伞当作对攻的玩具，以免刺伤他人。

（2）避免跟踪。让孩子懂得：尽量走繁华热闹的街道，放学赶快回家，不要去寂静的小道玩耍。当发现有人跟踪时不用害怕，可以尽快到回到人多的街道、商场等地方，然后想办法摆脱尾随者！可以向路上大的机关单位求救，比如去机关单位的值班室，也可以向身边的大人求救。如果是在校门口，就给家里打电话，让大人来接。如果只有自己一个人，那么要有警惕性，多动脑筋！所以，生活中要多观察，记住家长的联系电话，家庭、学校的地址，周围的环境特点，尤其应熟悉派出所、治安岗亭、部队营区、大机关单位的地点。在紧急情况下，可以在这些地方得到帮助。

（3）物品安全。让孩子懂得：钥匙要放在身上不易被发现的地方（如裤兜内、脖子上、衣服内），不要放在包里。保管好自己的书包、水壶等，避免丢失。

（4）不要和陌生人说话，接受陌生人的礼物，更不能跟陌生人走，或带陌生人回家，以免上当受骗。

第二，提醒孩子在学校里要注意安全。

孩子在学校里也要注意安全，遵守学校的规章制度和作息时间，听从老师的管理。

（1）楼梯上避免拥挤踩踏。2010年11月30日，阿克苏第五小学发生踩踏事件，那时正是课间操时间，学生从楼上蜂拥而下，前面的学生摔倒后引起踩踏，造成孩子被挤伤或摔伤。近年来，类似的踩踏事件在国内外屡见不鲜。人流量大的公共场所常常成为踩踏事件的高发地。如何杜绝此类事件的发生以及人们如何进行自救已经成为我们必须关注的话题。家长平时应告诉孩子以下内容。

①要举止文明，人多的时候不拥挤、不起哄、不制造紧张或恐慌气氛，发现不文明的行为要敢于劝阻和制止。

②应顺着人流走，切不可逆着人流前进，否则，很容易被人流推倒。陷入拥挤的人流时，一定要先站稳，身体不要倾斜失去重心，即使鞋子被踩掉，也不要贸然弯腰提鞋或系鞋带。有可能的话，可先尽快抓住坚固可靠的东西慢慢走动或停住，待人群过去后，迅速离开现场。千万不要奔跑，避免摔倒成为拥挤踩踏事件的诱发因素。

③当发现自己前面有人突然摔倒了，马上停下脚步，同时大声呼救，告知后面的人不要向前靠近。

④若自己被人群拥倒后，要设法靠近墙角，身体蜷成球状，双手在颈后紧扣以保护身体最脆弱的部位。

（2）同学间不要打闹。课间休息时间，孩子在一起玩耍是正常的，但一定注意不要过火。此外，一定要遵守学校的规则，尽量不要做剧烈运动，以免在楼道内追逐打闹，造成不必要的伤害。

（3）运动中的安全。要让孩子懂得：体育课时要遵守运动规则，注意活动方法，避免出现伤害事故。活动前，要检查着装是否适合运动，并做好准备活动，运动中要保护到位。分散活动时，还要注意不要在体育器械上做危险动作，避免摔伤。

2007年4月，湖北省枣阳市某城区小学的田径场上一名六年级学生刚跑出还不到一百米，突然一头栽倒在地，然而经过一番紧张抢救，最终孩子还是未能苏醒过来。据主治医生诊断，该学生是由于存在潜在病因，体育课上的运动诱使其出现急性心力衰竭，导致循环呼吸衰竭死亡。

第三，提醒孩子独自在家时要注意安全。

孩子平时一人在家，要锁好院门、房门等。出去玩耍要关好门窗，不忘记锁门。钥匙要保管好，要注意把钥匙放在衣服里，不要放在外面，以防坏人跟踪入室。当有人敲门时，一定要问清来意，对不熟悉或不认识的人，坚决不要开门。特别是遇到有陌生人以修理工、推销员的身份要求开门时，说明家里不需要，请其走开，或可寻找其他借口，请其不要再打扰。当坏人欲强行闯入，可到窗口、阳台等处高声喊叫邻居或去打报警电话吓跑坏人。使用电器时应特别注意安全。插插头时，手要拿住插头后部的塑料座，不要去碰前端的金属簧片。当手上有水时，不要去碰电源开关。电器的电线不能用力拖拉，发现电线破损，不要去碰露出的金属导线，千万不能用金属物、铅笔芯等东西往插座的孔里捅。未征得大人同意不要自己使用煤气，如果使用一定要开窗，保持室内通风透气。如果煤气泄漏，应立即关闭煤气总阀门，千万不要开灯或点火。如果有人煤气中毒，应迅速通知大人来进行抢救。

第四，告诉孩子双休日或节假日也要注意安全。

应在家长或熟悉的成人带领下外出游玩，不要一个人乱跑。万一走丢，请找景点保安或商场安保人员帮助。和同学结伴外出要通知家长玩的时间、地点，让大人心中有数。远离正在施工的建筑工地，不要在离水源太近的地方玩耍，更不要到小河塘里去游泳。传染病高发季节，不要到人员聚集的地方，避免交叉传染。

小学生一定要学会急救电话的拨打方法：遇到火灾，请打“119”；卫生急救，请打“120”；紧急报警，请打“110”。拨打时一定要说清楚需要急救的地点及周围明显建筑物、人员及伤亡的基本情况，让急救人员做到心中有数。没有发生紧急情况时，绝对不能拨打以上电话，否则是要赔偿经济损失。

16 性和性教育

今天，我被老师叫到学校里谈话。说起来很不好意思，竟是因为儿子课间时和几个调皮的小男孩去掀女同学的裙子，把女同学惹哭了。最近，我也发现儿子经常提一些让我很难堪的问题，不知该如何回答他。比如，昨天我和他一起洗澡，他就盯着我的下身问：“妈妈，为什么爸爸和我都有小鸡鸡，你没有呢？”上床睡觉时，我给他讲故事，不小心睡衣肩带掉下来，结果他就来摸我的乳房，让我很生气。

孩子往往会在某一个时期对男人和女人的身体产生好奇。不同的是，有的孩子会表现出来，会向家长、老师提出问题，而有的孩子却从来不问，也许是家长的禁忌让孩子羞于开口。5—8岁的孩子会更倾向于同伴玩耍，但却可能对异性的身体产生好奇，所以才会出现男孩子掀女孩子裙子的现象。对于孩子的问题和探究的行为，成人如果能够自然平静地对待，告诉孩子他想知道的一切，也许，他就不再好奇了。

可惜的是，很多家长并没有接受过系统的、健康的性教育，再加上传统的对性的羞耻的观念的影响，让他们既羞于谈论，也不知该如何和孩子谈。

在性教育方面，家长有哪些方面需要明确呢？

第一，为什么要和孩子谈性？

很多人认为性教育是从青春期开始的，并不认为小孩子有关于性的疑问和性的感觉，也不认为有性教育的必要，甚至认为对孩子的性教育会把孩子教坏了。这些想法是错误的。很多研究表明，接受过性健康教育的孩子不容易遭到性虐待和性骚扰。如果家庭氛围宽松，家庭成员可以自然、自由地谈性，孩子不仅会感到更安全，对自身的健康有更多的了解，而且将来参与滥交、不安全性交的可能性更小。不管家长是否愿意，生活在现代社会的孩子们都会接触到很多性方面的信息。作为家长，在孩子成长的道路上，应该确保自己的孩子能从正确渠道获得正确的信息，别让其他人或媒体来替代你做这件事，因为你的孩子可能会被谎言和错误的观点误导和利用。

孩子年龄越小，和孩子谈性越容易，因为他们没有心理包袱，也没有成年人所谓的“羞耻心”，他们会用一种客观的态度来接受人体知识，就和他们学习别的知识时一样。因此，家长最好把性教育当成正常的生命教育的一部分，别让孩子觉得这个话题在家里是不准涉及的。

第二，教孩子认识性器官。

性教育专家主张，让孩子像科学家一样认识自己的身体以及用科学的词语来描述性器官。家长可以像称呼耳朵、嘴巴那样自然地称呼生殖器官，如男孩子的阴茎，而不是“小鸡鸡”之类的名字。

通常，对于两三岁的孩子来讲，男孩和女孩的区别主要是外在的发型、衣着等方面；而对于五六岁的孩子来讲，他们会发现彼此更多的不同，既包括外貌、衣着、个性倾向，也包括性器官。

第三，告诉孩子他是从哪儿来的。

小一点的孩子也许会问这个问题。家长只要说“妈妈的肚子里有个子宫，子宫就是孩子生长的宫殿。爸爸把种子种到妈妈的子宫里，就会有小宝宝了”，年龄小的孩子对于这样的回答就会很满意。但是，五六岁的孩子却会接着问：“爸爸是怎么把种子种到妈妈的子宫里呢？”这个时候，妈妈可能就会觉得很尴尬，能给孩子讲性交吗？那可怎么说得出口？

如果妈妈觉得实在说不出口，可以借助于一些适宜的媒介讲解，比如电视节目中动物的交配。如果家里养宠物，这个问题回答起来就更轻松了，可以结合动物成长的各个阶段，让孩子了解生命的起源。

有一个很好的绘本故事《小威向前冲》（贵州人民出版社，2008），家长也可以借鉴。该书以图文并茂的形式，讲述了一个小精子变成小宝宝的过程：

小威是一个小精子，他和三亿个朋友一起住在布朗先生的身体里。游泳大赛的日子一天天地近了，小威每天都在努力地练习……

他知道他必须要游得非常快，才能赢得奖品——一个美丽的卵子。比赛结束时，发生了一件又神奇、又美妙的事！

“那天晚上，布朗先生和布朗太太亲密地在一起……”于是，小精子就获得了出发的讯号。

因为小威的努力，他最终赢得了奖品，但小威却不见了……布朗先生和布朗太太拥有了一个美丽的小女孩叫小娜……

如果孩子还对胎儿在妈妈子宫里的生活感兴趣，家长还可以借助于视频和图画让孩子了解胎儿发育的整个过程。其实，孕育生命是一个神奇和美丽的过程，告诉孩子生命来源的真相，孩子才会懂得家长对自己的爱，才会懂得珍惜生命。

第四，关于裸体。

著名儿童性教育专家胡萍女士曾经谈到自己的儿子小时候有一段时间非要看家中所有人洗澡，不让关浴室的门。好在外婆是医生，很开明，觉得既然孩子想了解爸爸和妈妈、外公和外婆的身体有什么不同，自己的身体与他们的有什么不一样，就没有必要阻止孩子对人身体的探索，更不应该将我们成年人的性观念强加给孩子。

英国性心理学大师哈夫洛克·霭理士认为："假如一个儿童在童年的发育时期，始终没有见过异性儿童的裸体形态，是可以引起一种病态的好奇心理的；再若一旦突然见到异性成年人的裸体形态，有时候精神上可能是一个痛苦的打击。"如果孩子的好奇心得到了满足，他就会把注意力转移到对其他事物的探索上。但如果家长刻意回避，甚至调侃或耻笑孩子，孩子可能就会偷偷摸摸地通过别的渠道去获得满足，这对儿童的性心理的发展是不利的，甚至可能为成年后的性变态和性犯罪留下了隐患，比如成年后偷看异性浴室以获得性的满足。

第五，关于自慰（手淫）。

有很多妈妈反映孩子会摸弄生殖器或以其他物品摩擦生殖器，在幼儿园里也有老师见到孩子有这样的表现。

年幼的孩子在触摸自己的生殖器时，会有一些特别的愉悦感，因而可能会反复体验这个过程，被称为"儿童的自慰"。儿童自慰的方式除了用手摸弄生殖器外，女孩还有夹腿、用凳子角摩擦阴部，男孩还有俯卧在床上摩擦生殖器或用其他物品摩擦生殖器等。儿童在手淫的时候往往伴有面红、出汗、呼吸急促、神情迷离等特征，这是他们获得快感的表现。

美国的教育专家伊娃在《幼儿问题行为的识别与应对》(教师篇)(中国轻工业出版社，2010)一书中专门谈到孩子的自慰行为，认为自慰在幼儿中间是非常常见的现象，成人应该视之为是正常行为，但成人应该向他们讲明这种行为是比较隐私的行为，只可以在私人场合进行，不可以在公共场合进行。

胡萍女士强调当孩子触摸生殖器时，家长可以“视而不见”，因为家长的嘲笑、训斥、责骂、恐吓反而可能会强化孩子的行为，甚至可能会给孩子带来巨大的心理伤害，难以修复，进而影响孩子的一生。

第六，关于隐私和自我保护。

为防止孩子遭受性侵害，健康性教育最重要的是告诉孩子身体哪些部位是隐私部位，以及如何保护好自己的隐私部位。

胡萍女士提到过一种方法，即画图法，家长或许可以借鉴：在一张纸上画出男孩和女孩，如果孩子自己能够画就让孩子自己画。如果孩子年龄小，就由家长画好以后，让孩子用红笔标记出男孩和女孩身体的隐私部位。不要直接说“隐私部位”，因为孩子听不懂，可以说“不能让别人随便看和随便摸的地方”。在孩子完成标记后，家长要帮助孩子检查，并明确告诉孩子：别人身体的隐私部位，你也不能够随便看和随便去摸。

还要告诉孩子：如果有人摸了自己的隐私部位，应该立即告诉爸爸妈妈。家长要帮助孩子建立隐私的概念，提高孩子自我保护和防范的意识。除此之外，家长还应该教会孩子如何避免生殖器官受外伤和如何保持清洁。

性教育真的不是一件轻松的事情，尤其是在我们这样一种保守的文化传统下。加拿大著名儿童性健康教育专家麦格·黑克林认为，性健康和饮食健康并没有什么区别。在她的著作《和孩子们谈谈性》(海南出版社，2001）里，她强调：“为了帮助孩子，我们必须使自己的性观念更加成熟。”这也从另一个角度告诉我们，我们做家长的自己首先要有健康、成熟的性观念。

17 死亡

我是一位5.5岁孩子的母亲，前段时间我的公公过世了，我们告诉孩子:“爷爷死了。”孩子当时就问:“什么是死?”我说:“就是爷爷在天上飞。”后来，孩子参加了爷爷的葬礼，但并没有看到过爷爷的尸体。前几天，我们又说起了这个话题，本着实事求是的态度，我告诉他人都会死的，他问:“爸爸妈妈会死吗?”我说:“会的。”结果，他就哭了。自此，儿子经常担心爸爸妈妈也会死去，只留下他一人。还告诉我他不想长大，因为他长大了，妈妈就会老了，就会死去。无论我怎么解释，就是无法消除他心里的阴影。我该怎么做?我真后悔告诉他实情，非常害怕我一时的大意会对他以后的成长带来不利的影响。

小孩子接触死亡的话题，可能来自家庭成员或者宠物的去世，也可能受电视、图书等媒介的影响。因为个性、已有经验、家庭环境等不同，每个孩子对死亡的认知和感受是不同的，但有一点是相同的，即所有的孩子都可能会对死亡充满好奇和恐惧。

一位署名为流年未央的网友曾在《关于死亡》一文中这样描述自己童年时对死亡的感受:“记得小时候，最怕的，便是晚上熄灯后，那一片黑暗。确切地说，是害怕，那伴随着黑暗而来的对于死亡的恐惧。不知道为何，才不过是一个小学生，竟然对于死亡，有那样敏锐的直觉，那样深沉的恐惧，以至于一度伴着恐惧入睡。”后来，作者自己分析：“孩童时期，那时，还太过弱小，生的本能还不够强大，单凭自己的力量，没办法生存，所以会那样惧怕死亡，会觉得死亡日日夜夜地蛰伏在你的身旁。那样的恐惧，太过深刻，以至于现在，我还记得如此清晰。”

无论我们多么爱我们的孩子，也不可能真正让孩子生活在真空里。亲人的去世会让我们沉浸在悲伤之中，无暇顾及我们的孩子，五六岁的孩子也能很快地意识到所发生的严重事情，掩藏起自己的好奇和恐惧。如果家长不愿意谈论死者，孩子也许会闭嘴不问任何问题，但这不代表孩子心里没有疑惑，也不代表孩子对这种大事并不注意或者毫不在乎。

也许恰恰相反，孩子过后表现出的对黑暗、对死亡的恐惧，又会让家长极为不安。就像上面那位母亲担忧的一样，是不是不该让孩子参加葬礼？是不是不该让孩子看到我们的悲痛、哀伤？是不是不该和孩子说人都是会死的……真是让人左右为难。

有一点是肯定的，如果去世的是伴随孩子长大的亲人，比如祖父母或者外祖父母，剥夺孩子参加葬礼的机会是残酷的。黛博拉·史丹纳在《了解你六岁的孩子》（漓江出版社，1998）一书中，这样提议：“让他们参与不幸的家庭事件，像有人去世或生重病，甚至让他们给悲伤的家长一些安慰，将有助于孩子感到他们的参与和贡献是重要的和值得的，而且也能使他们感到他们自己与死者或病人的关系得到家人的承认和严肃对待。”

如果孩子对死亡产生好奇和恐惧，家长不要因为自己内心的恐惧和避讳而拒绝和孩子谈论。要认真倾听孩子的问题，可以先问问孩子是怎么想的，然后再根据孩子的年龄特点，尽可能用孩子能理解的语言，坦率而诚实地回答孩子所有的问题，不要用“睡了”“去远方了”“在天上飞”

之类的话搪塞孩子。更不要渲染死亡的恐怖，尤其不要在孩子不听话时以死或者妖魔鬼怪恐吓孩子。

如果家里喂养宠物，这是和孩子讨论关于出生和死亡最好的素材和依据。有一位妈妈曾经给我写过这样一封信："儿子极为善良，从来不让我随意弄死甚至是一只毛毛虫。家里给他养着他喜欢的鱼，每次有小鱼死掉的时候他都很伤心。我只能偷偷地把死了的鱼丢掉，再买来新的补上。甚至家里养的富贵竹有黄叶子我要剪掉时他也不让，因为他觉得我剪掉就意味着死亡。"这位妈妈心疼孩子的心情可以理解，但她的做法却很不合适，因为她恰恰丢掉了很好地与孩子客观讨论动植物生命周期与死亡的教育契机。

孩子是幼小的、脆弱的，可能会对死亡充满想象和恐惧，但孩子会不断长大，孩子内心的力量也会不断增强，只有依赖孩子自己的认知和内心的力量，孩子才能真正学会如何面对死亡，如何珍惜生命和亲情。

向家长推荐一本图画书《爷爷变成了幽灵》（湖北美术出版社，2007），或许可以让家长借助于这样的图画书和孩子一起讨论死亡，对孩子进行适宜的生命教育。下面是《爷爷变成了幽灵》的故事简介：

爷爷突发心脏病死了。爷爷死了，会去哪儿呢？妈妈说，爷爷会到天堂变成天使。但是艾斯本想象不出来爷爷穿着白大褂，扑扇着天使翅膀的样子。爸爸说，爷爷埋在地下会变成泥土，但艾斯本想象不出爷爷变成泥土的样子。后来，晚上，爷爷来了，就坐在艾斯本的橱子上。爷爷变成了幽灵，幽灵能穿墙入室。爷爷就在房间里走来走去，他说他忘了一件事情，所以他哪儿也去不了，因为这件事情还没有做，所以他只能是个幽灵。到底是什么事情呢，爷爷想不起来了。接下来的几个晚上，艾斯本帮爷爷回忆他曾经发生的事情。从小到大，一点一滴，爷爷都想起来了。可是，还是想不起来，到底忘了什么事情。每天早上，艾斯本都因为睡眠不足，而让爸爸妈妈担心，所以可以不去幼儿园。其实，艾斯本的爸爸妈妈也梦到了爷爷穿墙入室，也梦到了艾斯本和爷爷做的一切，但是他们认为那是梦。只有艾斯本坚持说爷爷真的变成了幽灵。终于有一天，爷爷想起了那件事。爷爷不再笑了，“我忘记和你说再见了，我的小艾斯本。”他俩都哭了。于是，爷爷让艾斯本靠近自己，捏住艾斯本的手，温和的目光好像要把艾斯本裹住，“再见，艾斯本。”“再见，爷爷。请代问奶奶好。”他们郑重地做完这件事，然后，爷爷开心地走了。

18 赏识和鼓励

现在都倡导赏识教育，不让批评孩子，结果孩子变得脆弱得不得了。今天是周五，下午老师表扬这个周各方面表现好的孩子，并在评比栏里粘贴小五角星。我们家儿子只得了一颗，我去接他的时候，他正在抹眼泪，老师哄了半天也没哄好。这样的事，不是第一次了。无论在哪里，只要和小朋友在一起玩，什么事都得先尽着他，无论做的怎样，都得先表扬他，否则他就会没完没了地哭。上了学就会有考试，儿子不可能每次都是第一名啊，那可怎么办啊？难道是我们一味地表扬和鼓励出了错？

赏识教育没错，表扬和鼓励孩子也没错，对于小孩子的教育，应该多采用正面激励的方式，赏识、表扬、奖励都属于正面激励，意味着成人对孩子行为的肯定和认可，有助于强化孩子良好的行为，有利于其形成良好的习惯。

按照行为主义心理学的基本观点，对于孩子偶然出现的行为，只要不断给予正强化就会慢慢固化孩子的这些行为，使其成为一种习惯。我们看马戏团、水族馆的动物演出，会惊叹动物的聪明，也会惊异于人驯化动物的才能，其实，如果你认真观察就会看到，当动物表现出某种合乎驯兽员的动作时，就会马上得到它喜欢吃的食物，驯兽员衣兜里的食物就是正面强化物，正是依靠这些正面刺激的反复强化，动物才会慢慢掌握那些令人吃惊的美妙动作。动物都可以做到的事情，何况是高智商的人类?

处于婴儿时期的小孩子，正是处于从生物人到社会人转变的过程中，没有是非和对错的观念，在其漫长的成长的过程中，他们依赖家长对其行为的反馈慢慢地调整和确立自己的行为模式，建立自己的是非观念系统。如果孩子第一次抢勺子要自己吃饭，得到家长的认可和鼓励，孩子就会慢慢学会自己吃饭，不依赖家长。如果孩子每次看书都能得到家长的陪伴和表扬，不断感受到读书的乐趣，孩子就会慢慢爱上读书，养成良好的阅读习惯。如果孩子偶尔一次帮助奶奶提东西，得到奖励，孩子就会越来越热衷于帮助别人做事，慢慢养成乐于助人的好品格……

所以，聪明的家长要善于利用孩子喜欢的表扬和奖励的方式鼓励孩子正确的行为，使其养成良好的习惯。小孩子喜欢的奖励不外乎以下三种。

(1) 精神性奖励：微笑、抚摸、亲吻、拥抱、拍肩、击掌、鼓掌、表扬等。这样的奖励不需要家长专门准备，可以随时随地给予孩子，而且可以成为家长与孩子情感交流的方式，双方都可以从这种亲近中获得满足感、亲密感和安全感。

(2) 活动性奖励：去游乐场、听故事、多看一会儿电视、家长陪伴做游戏、去朋友家玩等。这种奖励给予孩子的是自由行为和兴趣需要的满足。闲不住、喜爱游戏是小孩子的共同特点，但在日常生活中，无论是在家里还是在幼儿园，孩子的这种需要经常会受到成人的一定程度的限制，当然，这种限制也是为孩子进入有规范和纪律要求的学校生活的一种准备。

(3) 物质性奖励：冰激凌、特别的点心、球、钱、玩具、游戏光盘等。

伴随孩子年龄的增长，其物质欲望会越来越多，所以，一方面，家长应该尽可能不要无限制地满足孩子的物质欲望；另一方面，可以利用孩子喜欢的物质作为奖励，帮助孩子固化其良好的行为，使其养成良好的习惯。

若想让奖励成为孩子良好习惯养成的有效手段，家长应该怎样做呢？

第一，并不是孩子所有的行为都需要奖励。

孩子本身很感兴趣、喜欢做的事情，不需要任何奖励作为外在动力。

第二，根据孩子的行为选择适宜的奖励方式。

所谓适宜，既包括行为与奖励对应的适宜，如孩子一幅成功的画作、母亲一个欣赏的亲吻和拥抱；也包括奖励与孩子需要相吻合的适宜，只有孩子喜欢、孩子需要的奖励才能起到激励的作用。每次看到孩子做事情，父亲都高兴地掏出10元钱给孩子，这对于学前儿童来讲就不是很合适。

第三，当孩子有良好的表现的时候，要立即给予奖励。

奖励的目的是为了固化孩子良好的行为。孩子年龄小，长时记忆和联想能力不强，像成年人那样发“年终奖”或“月绩效奖”对于小孩子并不合适，最好孩子一出现好的行为，家长立刻跟进奖励，给予肯定和接纳。

第四，表扬孩子要表扬具体的行为而非孩子本身。

案例中那位妈妈谈到孩子很脆弱，经不起任何忽略和批评，并不是赏识教育和奖励错了，而是家长给予赏识和肯定的具体方式错了。如果仅仅告诉孩子“你真棒”“你真聪明”“你真是个好孩子”——这样的表扬没有任何意义，不会对孩子的具体行为有任何激励作用。表扬应该指向孩子的具体行为，如“你能自己穿衣服了，真能干”“今晚你能准时上床睡觉，太好了”“你能说话算话，到点就自己关电视看书去，真是太好了”……

第五，表扬、奖励要有诚意。

家长表扬、奖励孩子应该真诚，不要应付，也不要仅仅是为了打发孩子自己去玩，不干扰自己而进行奖励。

第六，孩子的行为已经固定下来之后就不需要时时奖励了。

奖励的目的是指向孩子良好的行为和习惯，不是为了奖励而奖励孩子，也不是为了让孩子高兴而讨好孩子。所以，一旦孩子已经形成良好的习惯，就不需要再依赖奖励这种外在的形式激励孩子的行为了。

学习篇

如果孩子在幼儿园期间是以玩为主，在玩中学习和成长，那么上学后就要以学习为主了。可是，孩子好像对学习和阅读都兴趣不大，只有动画片能够吸引他，该怎样引发他的学习兴趣，并培养他形成良好的学习习惯，帮助他掌握适宜的学习方法呢？要不要教他学拼音、识字、写字、数学、艺术呢？该怎样教？……家长们期待的是充满生气、求知欲旺盛、自律而专注的孩子，这样的孩子怎么会不喜欢学习，学习成绩又怎能不优良呢？

19 书包与文具

儿子还有半年就要上学了，幼儿园老师为了培养孩子们管理自己物品的习惯，建议我们给孩子准备一个书包，买一些必要的文具，让孩子每天自己整理，并学会使用。我和孩子很高兴地去选东西，真是不看不知道，一看吓一跳。现在孩子们上学用的书包、文具盒和文具价格从几元到几百元不等，样式和色彩也是琳琅满目，有些文具的功能也很多，让人眼花缭乱。最后，我们只好选了几样孩子喜欢的买回家，结果几天后老师反映，孩子上课老喜欢玩文具盒盖上能转动的灰太狼，根本不听老师讲课，看来买书包和文具也有学问呢。

准备上学的用品，应该是最直接、最简单的入学准备。很多幼儿园在孩子一进入大班，就会要求家长给孩子准备书包，也有些幼儿园孩子从小班开始就有书包。只不过，原来只是在书包里装点孩子的零散物品或者水彩笔、图画本什么的。上了大班之后，为了帮助孩子更好地适应小学生活，教师还会让家长给孩子准备文具盒和铅笔、橡皮、削笔刀之类的东西。大班老师还会教孩子如何使用它们，为孩子将来学习写字做准备。

在幼儿园大班，孩子们主要的文具是美术活动中的各种笔。书写对于大班的孩子来讲还是有很大的难度，但大班老师一般都会让孩子准备书写的文具，并让他们学习书写10以内的数字。由于孩子手部的精细动作发展不够好，书写文字对于他们来说是很难的，所以，家长最好不要急于让孩子学习写字。

对于即将入学的孩子来说，一般需要准备的主要物品如下：书包、文具盒、直尺、橡皮各1个，铅笔5支，自动削笔刀1个。选择文具的原则非常简单，那就是安全、实用、结实、价格适中，尽可能避免购买那些带有游戏功能、太花哨的文具，因为它们很容易分散孩子的注意力。文具也不需要太多，够用就行。

（1）书包。书包应该大小适中，轻便且结实，尤其是书包带子要结实。书包外面不需要太多装饰和小包包，只要有一个小包包可以装进孩子的水壶即可。冬天，水壶最好是保温的，能保证孩子在学校期间能喝到热水。

（2）文具盒。购买文具盒时，最好选择那种简单一点的，没有分格，也不具备多功能的，否则孩子会把它当作玩具在课堂上玩耍。

（3）铅笔。小学一二年级主要使用的是铅笔，所以需要给孩子多准备几支铅笔，一般5支左右即可。一年级的学生要用HB铅笔，一方面有利于孩子练习握笔、写字的姿势，另一方面HB铅笔的软硬度也适合一年级的学生用。一年级的孩子最好不用自动铅笔，因为孩子最初学习写字时会很用力，而自动铅笔的笔芯很容易断，不适合孩子使用。

（4）削笔刀。五六岁的孩子还很难使用刀子削铅笔，所以，最好给孩子准备一个自动削笔刀；铅笔刀要简单一点，小一点，能被放在文具盒里。家长最好每天晚上都提示一下孩子：在写完作业之后，就削好第二天要使用的铅笔。

（5）橡皮。一般教师主张孩子要养成认真的好习惯，会告诉孩子在落笔之前先看、先想，尽可能避免错误，不主张孩子使用橡皮反复擦。

但是，橡皮肯定是孩子上学的必备物品。家长在挑选时，要选择能擦干净的，不要选择带有各种香味的橡皮。

家长或许还需要为孩子准备各种练习本和水彩笔等物品，到时根据教师的要求准备即可。家长还可以给孩子买一些书皮用来包课本，这样可以帮助孩子从小事做起，养成细致、整洁的好习惯。

另外，从幼儿园开始，帮助孩子在自己的生活用品和学习用品上贴上名字或做好记号，并教孩子认记，以免孩子拿错，而且即使丢失了也容易找回来。

20 学习兴趣

我们家孩子马上要上小学一年级了，可他好像对学习没有一点兴趣，让他看看书、读读拼音，或者算算题，他不是哼哼唧唧假装不舒服，就是根本不理你的话，假装没听见。可是，一说看电视，他那劲头就很大，看2小时也停不住。出去玩也没问题，一出去就不想回家。特别说明一下，平时，他是一个非常聪明的孩子，看他爸爸打牌一看就会，跟他爸爸踢球、修车也都是很伶俐的劲儿，就是对学习没有兴趣。我们真的拿他没有办法。该怎么让孩子喜欢学习呀，请给我支一招。

从心理学角度来说，学习兴趣是一个人对于认知活动的一种积极的情绪状态。学习兴趣分直接兴趣和间接兴趣。直接兴趣来自学习材料、学习内容和学习过程本身；间接兴趣来自学习结果，如好成绩、教师和家长的表扬等。对于年龄大的孩子来讲，他们会考虑到责任或者将来的发展，然后会为了那个结果带来的“意义”去努力学习。但是，年龄小的孩子不会考虑那么多，他们的兴趣更多的是来自学习内容和学习过程本身。所以，在培养孩子学习兴趣方面，家长过多的说教和抱怨都是没用的，有时效果可能正好相反。

我们首先要承认，孩子的学习兴趣与天赋有一定的关系，但最重要的是后天教养的结果，所以，兴趣可以培养和引导。当代著名教育改革家魏书生说过："兴趣像柴，既可点燃，也可捣毁。"这句话也正说明了恰当的教养观念和方式、方法会让孩子对学习充满兴趣，不恰当的教养观念和方式方法则正好相反。

要真正让孩子对学习充满兴趣，家长可以考虑以下建议：

第一，正确理解学习的含义。

上面那位母亲提到的孩子的学习，主要是指让孩子学习课本，尤其是像小学生那样学习语文和数学，这个"学习"的含义有点狭窄。对于小孩子来说，学习是广泛的，孩子对于外部世界包括他自身的所有探索都应该属于学习的范畴。书本的学习属于间接学习，是孩子上小学以后的主要学习内容。年龄越小的孩子越依赖直接学习，和游戏密不可分。伴随孩子年龄的增长，五六岁以后，孩子才会慢慢对文字等学习材料发生兴趣。

第二，为孩子选择适宜的学习内容。

大班的孩子是充满好奇心和求知欲的，无论是教师还是家长，要想不破坏孩子对于学习和求知的热情，就要注意提供给孩子的学习内容难度适宜，不要超越孩子的发展水平，不要盲目提前教授小学一二年级的知识。保持学习内容的新鲜和趣味很重要。

第三，让学习过程充满乐趣。

古代教育家程颐说："教人未见其趣，必不乐学。"做家长的可能会推崇"学海无涯苦作舟"似的激励，但这更适合有意志控制力的成年人，不适合小孩子。如果让学习和快乐对立起来，则只会让孩子厌恶学习，并养成磨蹭、注意力不集中、找借口逃避学习的坏习惯。

第四，让学习的过程和结果给予孩子满足感和成就感。

如果学习过程能够充满游戏性和童趣，就会让孩子喜欢。正襟危坐的、摇头晃脑的背诵式的学习万万不可以。此外，在学习的过程中还需要让孩子体验到满足感和成功感，这会给予他正向激励，让他更喜欢学习，对自己充满自信，进而形成一种良性循环。所以，无论面对什么样的孩子，家长都要学会认可和接纳，学会宽容，学会耐心等待，学会鼓励和赏识。

第五，孩子喜欢教师就有可能喜欢学习。

孩子的学习最容易受教师的影响。我们大都有过这样的经历，因为喜欢某个老师，所以就会很努力地“为他学习”，因为学得比较好，又会得到这个老师更多的赏识，于是，就会更有兴趣、更努力地去学习这个老师教授的知识。所以，家长和孩子一起喜欢幼儿园和学校的老师也很重要。

第六，用孩子喜欢的事情引导孩子学习的兴趣。

五六岁的孩子一般都会有自己的兴趣倾向性。上面那位妈妈谈到的孩子对运动和动手操作好像都有兴趣，只是对于安静的课本学习没兴趣，那么家长就可以利用孩子喜欢的事情，如玩车、修车等，引导孩子探索与车有关的知识的学习，并慢慢延展学习内容，由动到静，动静结合。

第七，对孩子抱有合理的期望值。

如果家长总是期望自己的孩子在学习方面永远保持班级第一的名次，显然是非常不合理的。所以，家长要承认孩子之间的差异，不要随意地横向比较，不要给孩子太多学习压力，要记住：学习压力≠学习动力。

第八，学习和玩不是对立的，先让孩子玩个够。

入学前的孩子主要的活动是游戏，因此家长要允许孩子玩，并且尽可能陪孩子玩。另外，要知道孩子的学习与游戏不是对立的，而是一致的。

游戏的过程就是学习的过程。爱玩、会玩的孩子将来的学习成绩也不会差到哪里。

第九，不给孩子布置强制性的智力学习任务。

俗话说："你能把马带到河边去，却不能让马儿喝水。"是的，学习最终是孩子自己的事情，需要孩子自己喜欢，家长的强制很可能适得其反。有个妈妈在女儿4岁时，就给她买了一台只要插入拼音和词语卡片就能跟着读和录音的学习机，然后规定孩子每天听读几遍，结果刚过了一个星期，孩子就不玩这台学习机了，后来干脆把它藏了起来。显然好玩的学习机一旦成为学习任务就会成为一种负担，扼杀孩子的学习兴趣。

第十，发展孩子多方面的兴趣。

要让孩子对学习感兴趣，并不是天天把孩子关在家里死读书、读死书，那只会把孩子培养成学习的机器或者书呆子。旅游、爬山，让孩子亲近自然；骑车、踢球，锻炼孩子的身体；跳舞、唱歌，娱乐孩子的身心；下棋、打牌，既有游戏性又开发了孩子的智力……如果家长可以用这样一种态度看待生活和孩子的发展，让孩子拥有多方面的兴趣爱好，那么不仅可以让孩子有高质量的生活，而且会提高孩子对学习的兴趣。

第十一，为孩子做个好榜样。

爱学习的家长，往往更容易培养出爱学习的孩子。如果家长没有学习的习惯和兴趣，那就从现在开始请陪孩子一起学习、一起长大吧。做个孩子的"同桌"也是很不错的人生体验。

作为家长，如果让您在"孩子对学习感兴趣但成绩一般"和"孩子对学习不感兴趣但每次考试都考第一"之间做出选择，您会怎么选？孔子说："知之者不如好之者，好之者不如乐之者。"可见，爱好和乐趣才是孩子学习的兴趣所在。因此，让孩子爱上学习至关重要。

21 学习习惯

我的孩子刚上小学一年级，听老师说他上课不好好听讲，不是玩铅笔盒就是说话，有时候还爱走神，在家做作业也是磨磨蹭蹭，我要是不提高嗓门吼几句，他就不动。我想让他有个好的学习习惯，却不知道怎么才能培养。请问有没有什么快捷、简单的方法培养孩子良好的学习习惯，并让孩子养成学习的自觉性呢？

家长都希望自己的孩子有良好的学习习惯和学习的自觉性，不用自己天天吼着“做作业去”“学习去”“看书去”，也不用自己上一天班累得半死回家还得陪着孩子写作业……那么，是否有这样快捷、简单的方法培养孩子学习的好习惯呢？就像一味药，孩子吃下去就立马变成了爱学习的孩子。答案是没有。

不过，没有灵丹妙药不等于没有方法。我们先来看看在幼小衔接阶段，孩子应该养成的学习习惯有哪些：

幼儿园阶段

- 能聚精会神地听故事，并回答老师的问题。
- 能专心画画或者玩积木，坚持完成一幅作品。
- 课上能与老师呼应，也乐于与小伙伴共同完成任务。
- 对图书有兴趣，不撕毁，不折叠，不乱扔，懂得读完放回原处。

- 整理玩具和学习用品，会分类摆放，整齐、有序。
- 观察一两件东西或事情，并能简要说出。
- 会握笔，掌握正确的握笔书写姿势。(大班)

小学低年级

- 能集中精力听课，不做与听讲无关的事。
- 愿意回答问题，喜欢参与课堂讨论。
- 喜欢读书，爱惜课本和图书，不在书皮、书中乱涂乱画。
- 愿意思考，遇到事情喜欢问为什么。
- 读书、听课时都能动笔记录，会抓要点。
- 慢慢养成写日记的习惯。
- 注意坐姿和握笔写字的姿势正确，懂得保护眼睛。
- 做作业不用催促和监督，能按时、认真完成。
- 学会用各种工具书解决自己学习上的问题。
- 学习预习和复习，并慢慢养成习惯。

形成一个好习惯需要21~90天不懈的坚持，而根除一个不良习惯，那就需要更长的时间。做家长的一定要知道，孩子学习习惯的养成，并不是从上小学那天才开始的，在孩子很小、玩游戏时就应该让孩子养成专注、有始有终、爱惜玩具、整理玩具等好习惯，这些都与孩子上学后的学习习惯有关。所以，从孩子出生开始，父母以及家中其他成人对待孩子的态度、与孩子相处的方式方法、经常从事的活动以及在活动中的关系等都不可忽视，父母不能期待一个凡事都依赖家长的孩子一上学就变成一个有良好学习习惯和自觉性、独立性的孩子。在抱怨孩子之前，请先反省我们的教养过程，我们所有的付出是否都有利于孩子好习惯的养成。

孙云晓先生曾经提出："培养好习惯用'加法'，消除坏习惯用'减法'。"家长不妨试一试。比如，对于注意力很容易受影响、兴趣也很容易转移的孩子，家长不能要求太高，让孩子安静坐1小时有点残酷，但让5岁的孩子坐10分钟、6岁的孩子坐15分钟从事一项安静的工作应该没有太大问题。随后，激励孩子1分钟、1分钟延长时间，每次只要孩子能延长1分钟就给予孩子肯定和鼓励，这就是"加法"。如果孩子上课喜欢玩铅笔盒、说话，不能专心听老师讲课，家长就可以和教师协调尝试一下"减法"，即只要孩子减少一次不太好的行为，就给予表扬和鼓励，直至良好习惯的养成。

其实，好习惯和坏习惯是"敌进我退"的关系，只要好习惯建立了，坏习惯自然就会消失。有时候培养好习惯和消除坏习惯是一回事。

有的家长会反映，怎么越管教孩子，孩子的坏习惯越厉害，这也是我们要提醒家长千万要注意的一点，有时候我们的管教会起相反的作用，不仅没有帮助孩子养成好习惯，反而使孩子的坏习惯愈演愈烈，为什么呢？那是因为我们忽视了孩子的好行为，关注点仅在孩子的不良行为上，导致孩子为了得到我们更多的关注，反复表现出不良行为，如此一来，我们的管教行为反而强化了孩子的不良行为。有时候，幼儿园和小学的教师也会犯这样的错误，尤其是对待班里那些有些"刺头"的孩子。所以，家长和教师进行更多的沟通和交流是非常有必要的。当然，家庭内部成人之间的沟通和协调一致，尤其是对孩子的要求一致，也是非常必要的。

在孩子学习习惯的养成过程中，家长一定不要超越孩子的发展水平去提要求，不要把孩子正常的表现全当成坏习惯，比如六七岁的儿童本身就贪玩，专注性、坚持性差，自控能力低，好奇心强，兴趣广泛又很容易转移等。因此，家长在孩子刚入学时，一定要有耐心，要用智慧引领孩子，而不是用责骂强制孩子。否则，很容易导致孩子厌学和惧学。

22 学习方法

孩子马上要上学了，我们很担心他上学后的学习情况。大家都知道学习成绩好的孩子，不仅仅是因为他们聪明，更重要的是他们会学习。懂得学习方法，学习效果就会事半功倍。可是，学习方法有哪些我们也不清楚，况且，这么小的孩子怎么告诉他学习方法啊？

这位妈妈说得对，学习方法很重要。"授人以鱼不如授人以渔"，讲的就是方法和技能的重要性。从小让孩子懂得学习的方法和培养孩子的学习兴趣、学习习惯同等重要。学习方法是通过长期的学习实践总结提炼出来的、可以提高学习效率的方法。对于小孩子来讲，方法确实不是通过听讲就能学到的，因此这位妈妈不知怎么告诉孩子也是正常的。方法需要孩子自己在学习中不断地探索和总结，而小孩子的学习活动才刚刚开始，他们对于学习方法的摸索也才刚刚开始。

不仅如此，学习方法还因人而异。一种学习方法，不一定适合所有孩子。如果一个孩子善于动脑筋、善于积累、善于总结，他就能找到适合自己的好的学习方法。

学习方法一般蕴含在每个年龄段具体的学习内容中，如拼音学习的方法、识字的方法、数学学习的方法、英语单词记忆的方法等，不能泛泛而谈。尽管如此，我们还是可以结合5—8岁儿童认知和思维发展的特点，提出以下几种方法供家长参考。

下面这些既是学习方法，也是学习理念。

第一，感官参与。

对于很多人来讲，学习就是听讲—记忆—背诵的过程，实际上这种理解很偏狭。小孩子的学习内容、学习途径都很宽泛，只要是扩展孩子视野、丰富孩子经验的过程都是学习，即使是书本知识的学习，也不能单纯靠听讲—记忆这单一的渠道进行。最好的学习是孩子各感觉通道的全面打开，也就是说孩子视觉、听觉、嗅觉、味觉、触摸觉、运动觉等全部感觉参与的学习活动。比如，认识一棵树，仅仅告诉孩子这是什么树是不够的，孩子需要靠自己的眼睛去看树干、树枝、树叶的颜色和形状；用手去触摸、感知树皮和树叶，用脚踩在松软的落叶上；甚至可以用耳朵听一听，看是否可以听到树的心跳，或者听到风吹过树梢的声音……这样的学习活动既生动有趣、充满活力，又有助于孩子获取更全面、更广泛的信息。

第二，做中学。

操作对于小孩子的学习来讲非常重要。孩子的学习不是靠别人的讲授和经验的传递，最重要的是自我建构，而自我建构知识的过程又离不开孩子与周围物质世界和他人的互动，这个互动的过程就是操作，就是强调小孩子自己的体验、发现和探究的过程。尤其是关于物理世界的知识，更需要孩子通过自己的操作、实验、体验等探究而来。比如，把“空气流动形成风”这一知识告知孩子，并让孩子记住也许只需要一分钟的时间，但对于孩子来讲却只是毫无意义的句式而已。只有孩子在生活中、实验中、操作中反复去体验、感受风的形成，以及风力和风向与空气流动的关系，“空气流动形成风”这一科学概念才对孩子真正具有意义，孩子才算真正学会。

第三，学用结合。

学习是个体生存和发展的必需，学习不是单单为了取得好成绩，或者考个好大学，最终的目的是应对生活、工作之需和提升生活质量。所以，学习过程中的很多知识经验要与生活相结合，要学以致用。比如，语文、数学、英语都属于工具性学科，都是我们实际生活中经常用到的，通过运用，一方面可以巩固获得的知识经验，另一方面可以让孩子体验到知识的重要性和自我的价值感。所以，家长要想方设法帮助孩子寻找和创设生活中可以运用所学知识的机会，也应该善于从生活中发现问题，鼓励孩子独立去寻找答案，而这个过程就是最活泼、有价值的学习。

第四，善于思考，寻找规律。

学习的任何内容，都有规律可循，这些规律可以帮助我们更简便快捷地梳理头脑中庞杂的知识经验，所以，孩子从小就养成爱动脑思考的习惯非常重要，这样的孩子会更轻松、高效率地学习。比如数数，看起来很简单，但如果数量很多，一个一个数就会很慢，也不容易数对，但如果我们能发现其中的排列规律，按行、列数，或者按群数就会快捷多了。比如，计算“11 − 8 =？”这个问题对于五六岁的很多孩子来讲有一定的难度，但如果能够运用凑10的方法，孩子很容易就能计算出10 − 8 = 2，再加上1，即11 − 8 = 3。

第五，适当重复。

从某种意义上来讲，遗忘是对人类的拯救。但是，学习知识的过程却要不断地与遗忘抗争。德国心理学家艾宾浩斯研究发现了“遗忘曲线”。他发现遗忘在学习之后立即开始，而且遗忘的进程并不是均匀的。最初遗忘速度很快，以后逐渐缓慢。所以，在学习新知识之后，尽快复习是十分必要的。对于年龄较小的孩子，成人要注意这种重复性的复习活动的趣味性和游戏性，以保证孩子学习的效率，不至于导致孩子厌学。

做家长的尤其要注意的是，学习是复杂的脑力劳动，不是体力劳动，不是靠下苦力蛮干就能干好的。所以，一方面我们承认勤学是一种重要的优秀品质，另一方面我们不能要求一个五六岁的小孩子一味地勤学、苦学。让孩子享受到认知的乐趣，爱上学习并养成良好的学习习惯，掌握学习的方法，才是至关重要的。

23 拼音学习

儿子还有半年就要上小学了，在幼儿园里老师会教孩子认字，但不教汉语拼音。听同事说，小学一年级语文教学进度非常快，一个月就学完汉语拼音，他的孩子学得稀里糊涂，非常吃力，所以，同事告诫我一定要在上学前先教孩子学习拼音，可是我也很为难，一方面不想增加孩子的负担，想让孩子上学前尽情地玩，另一方面也确实担心孩子上学后跟不上。我想要在家教孩子，又不知道怎么教，孩子好像也没什么兴趣。

很多家长都会有这样的疑惑：到底要不要提前教孩子学拼音？为什么很多孩子在学习拼音时会遇到很大的障碍，甚至因为拼音影响了孩子对语文的兴趣？我们到底该如何面对？

为了避免幼儿园教育小学化倾向，保护孩子游戏和健康成长的权利，有效促进幼儿身心健康、和谐、全面发展，教育部颁布的《幼儿园工作规程》和《幼儿园教育指导纲要（试行）》都明确提出了幼儿园教育的目标和内容，不允许提前教授小学一年级的课程，很多省市也明文禁止幼儿园教授汉语拼音等明显小学化的课程内容，比如山东省教育厅二〇〇九年七月七日下发的《关于规范办园行为，防止和纠正小学化倾向等有关问题的通知》中就要求幼儿园要“端正办园指导思想，遵循教育规律，教育内容、形式和方法要符合幼儿身心发展特点，以游戏为基本活动形式，不得搬用小学教材，不得进行奥数培训、珠脑心算、拼音、写字等教育内容，不得给幼儿布置家庭作业，不得进行任何形式的测验和考试。”而安徽省教育厅则下文直接禁止幼儿园的孩子有教材，还有很多地市也有类似的规定。这样一些规定是有道理的，一方面是因为孩子年龄小，学习负担不可以过重，否则会很容易影响孩子的健康成长，而家长和教师都有义务保护孩子享受童年的快乐。另一方面，如果孩子在幼儿园就学习了小学的课程，很容易对小学学习失去好奇心和兴趣，进而养成不良的学习习惯，影响其今后的学习和发展。

小学一年级教授拼音如果速度过快，确实可能会导致很多孩子感到困难，这很正常，但这不应该成为家长必须提前在家教授孩子学习的必然理由，就像孩子上初中学习物理可能会存在困难，那是不是就意味着我们必须在小学提前教授？如果孩子上大学学习高等数学可能会有困难，那是不是就应该在高中提前教授……答案不言而喻，这样不断地提前只会给孩子增加学习负担，导致孩子厌学。我们国家中小学生的厌学率非常高，这与家长急功近利的心态，以及不断施加到孩子身上的压力有直接的关系。孩子在每个年龄段都有自己特定的发展任务和学习内容，这些内容都是根据孩子身心发展的规律和教育规律制订的，不可以任意改动。从另一个角度来说，如果连小学一年级的孩子学习拼音都感觉困难，那对于幼儿园以形象思维为主的孩子来讲，学习那些抽象的拼音符号不是更困难吗？不是更容易导致孩子对学习拼音产生畏惧心理？

有些家长会说，汉语拼音很重要啊，当然要学好。是的，自1958年汉语拼音教学走进我国小学语文教材以来，目前我国已有数亿人学习掌握了汉语拼音。汉语拼音已被广泛应用到现代通信、交通、贸易、中文信息处理和工业生产、国防等领域，并作为国际标准被许多国家认可和使用。小学一年级的语文课本是从汉语拼音的学习开始的，然后由汉语拼音进入到课文的学习。对于孩子来讲，汉语拼音是识字、查字典、学习普通话的重要工具，既然是工具，就需要在使用过程中学习和反复使用，所以，一个月左右时间教师教完了汉语拼音，不等于孩子就学好了，孩子还需要在今后的几个月甚至几年时间内，在反复拼读中巩固和学习。对于国内尤其是使用普通话的孩子来讲，学习汉语拼音真的不是问题，家长不必过于忧虑。

如果家长还是放心不下，一味地相信“笨鸟先飞”的道理，或者希望孩子“先飞一段”占一点优势，笔者建议可以借助于阅读图画书进行拼音的渗透，在阅读孩子感兴趣的图画书时，选择几个关键字或者词，整体拼读其拼音，尤其是那些孩子喜欢的象声词，如小狗的叫声——“wang”，小猫的叫声——“miao”，或者是小动物的名称，然后结合汉字的认识一起进行拼读，这样孩子就会在上学前熟悉这些外形相近的符号，不至于因太陌生而感到惧怕。笔者不太赞成选择那些全是汉语拼音的儿童读物。在孩子对拼音符号还感觉陌生的时候，最好一本图画书仅有一小部分的汉字被标注拼音，一个页面不超过5个最好，这样孩子不会觉得有学习负担，不会丢弃阅读的快乐，甚至可能会有小小的成就感。如果买不到这样的书，家长可以在孩子喜欢的图画书上选择字词标注拼音，注意一定要标注正确，而且还要有调号。

对于已经上小学一年级的孩子来讲，家长和教师要注意以下几点：

第一，不要对孩子要求过高。

拼音学习进度太快肯定会导致部分孩子掌握不好，混淆其形或者读音。如果教师已经教完而孩子没有完全记住，家长也不要着急，不要就此以为孩子拼音学得太差，没办法了，在后面的课文学习和阅读过程中再不断帮助孩子纠正和巩固即可。

第二，学习过程要注意方式、方法的多样化。

结合6岁孩子自制力差、有意注意持续时间短、形象思维为主等心理特点，成人帮助儿童进行游戏化的拼音学习是必需的。

第三，学用结合。

单独学习汉语拼音确实会很无聊，所以，学习过程中的学用结合，不仅可以让孩子明白拼音的重要性，还可以让学习的努力变成成就。

第四，借助网络资源。

如果家长很想教孩子，又怕教的不对，影响孩子学习，可以在网上寻找汉语拼音教程，网上有很多带有Flash动画效果的拼音学习教程，孩子会喜欢。家长还可以下载智能ABC输入法，让孩子练习打字，比如每天让孩子记日记，记日记的方式就是自己打出来，这会让孩子感觉既新鲜，又很自豪。

第五，尽可能和孩子说普通话。

这是很重要的一点。因为对于说普通话的孩子来讲，拼音学习再简单不过，但是对于说民族语言和地方方言的孩子来讲，则难得多。

24 数学学习

女儿5周岁10个月了，马上就要上小学了。女儿应该也算是聪明伶俐的孩子，喜欢唱歌跳舞，很爱看书，有时候也喜欢绘声绘色地给我们讲故事，经常在班里得到老师的表扬，但在上学这个问题上，我们夫妻两个都有些犹豫，主要是因为担心她的算术。从去年我才关注到这个问题，我发现她不是很喜欢计算，现在老师经常会布置一些口算题让带回家做，她10以内数的加减还要掰着手指头数，我老公一看见她掰手指头数数就训她。我很想帮她，却不知该怎么办，是不是数学思维也遗传啊？我们夫妻两个都是学文的，难道没有遗传给孩子数学学习的细胞？

在孩子的数学学习方面，家长应该有怎样的认识呢？

第一，数学能力主要靠后天的培养。

经常会听家长说自己的孩子没有数学或者语文的“学习细胞”，所以学得一塌糊涂。这样的说法并不是没有道理。我们知道世界著名教育心理学家、美国哈佛大学教授霍华德·加德纳先生提出的多元智能理论，他认为我们个体身上存在着相对独立的、与特定的认知领域相联系的八种智能，即语言智能、音乐智能、数理智能、空间智能、动觉智能、自省智能、交流智能和自然观察智能。在多元智能理论看来，尽管每个人身上都有这八种智能，但由于个体智能的发展受到遗传、环境和教育的极大影响与制约，其发展方向和程度会表现出很大的差异。所以，在生活中我们会看到形形色色、有巨大差异的人，如运动员（动觉智能）、主持人（语言智能）、歌唱家（音乐智能）、科学家（数理智能）、博物学家（自然观察智能）、外交家（自省智能、交流智能）等。他们在各自领域的超长发展可能与天赋有关系，也可能与兴趣有关系，更重要的是个人后天所接受的教育和自身努力的结果。

第二，计算不等于数学。

很多家长和教师会把孩子学数学简单地等同于计算，这是把数学狭隘化的看法。就数学学习的内容来讲，数学反映的是事物与事物之间的抽象关系，包括数量关系、空间关系、时间关系等。对于孩子来讲，要把握这些抽象的关系，恐怕单纯靠计算的技巧很难掌握，也就是说计算又快又好的人，不一定就能理解数学的抽象关系，不一定就是具有逻辑思维能力的人，不一定在将来就能学好数学。所以，家长不要过于看重孩子的计算能力，不要把数学学习简单地等同于做算术题。

第三，学习数学最关键的是逻辑思维训练。

“数学是思维的体操”，这句话表明数学学习对于思维培养，尤其是抽象逻辑思维培养的重要性。数学概念具有高度的抽象性和结构严密的逻辑系统，即使是简单的数字“1”，也是从现实世界所有元素为“1”的集合中抽象出来的，可以代表1张桌子、1个人、1只狗、1个皮球、1朵花、1棵树、1座桥等任何一种物体的集合；“2”则是从元素为“2”的集合中抽象出来的。孩子只有理解了“1”“2”“3”……之后，才能讨论数与数之间的关系（比如相邻两数之间多1少1的等差关系等），进而理解“自然数”的含义，才能为以后理解更复杂的数学关系如守恒关系、可逆关系、等差关系、互补关系、互换关系、传递关系、包含关系等奠定基础，继而学习更复杂的运算并发展其抽象逻辑思维能力。

第四，孩子的数学学习离不开动作和操作。

很多家长就像案例中的这位妈妈一样，明白数学学习的重要性，想帮助孩子学数学却不知道方法。我们很难像教孩子背诗歌那样教孩子数学，我们不可能把自己头脑中的数学知识“复制”或“传递”到孩子头脑中，因为孩子的数学学习必须依赖动作，并逐步从外部动作转到内部动作。案例中的这位妈妈提到的孩子掰着手指头数数就是典型的例子，有些家长和教师认为这是孩子“笨”的表现，不允许孩子掰手指算题，却不知道这是孩子发展的一个必然阶段，只是每个孩子跨越这个阶段的快慢不一样而已。如果想要孩子尽快建立自己的数概念体系，就应该在孩子小的时候为孩子提供各种机会接触各种操作材料，建立数与物的对应关系，由具体到抽象，逐步帮助孩子摆脱对物的依赖，理解数学蕴含的抽象逻辑关系。

第五，让游戏提升孩子数学学习的乐趣。

一般来讲，男孩子在数学方面相比女孩子会更有兴趣，这与天赋有关系，更与后天家庭教养环境有关系。就像上面案例中的家长，因为自身专业或者爱好偏文，可能从小就更多地关注孩子音乐、舞蹈和文学方面的教育，有些忽视孩子数理逻辑方面的培养了。还有些家长和教师会主观认为数学抽象、单调、乏味，因而会无意识地影响孩子的学习兴趣。

对于五六岁的孩子来讲，要让他喜欢上数学，最好的办法就是和孩子一起玩游戏，因为喜欢，数学学习就会变得富有乐趣。孩子小时候的很多游戏，都蕴含着丰富的数学知识和逻辑关系，比如玩积木，可以感受积木的数量和建构物的空间结构关系；玩石子，可以感受石子的数量和排列关系；捉迷藏游戏，可以感受物体的空间关系；玩沙子，可以感受量具的容积变化……家长也可以和孩子一起有目的地玩一些专门的数

学游戏，如扑克牌游戏、掷骰子游戏、跳房子游戏、登山游戏等，可以让孩子比大小，也可以进行加减运算，

第六，时时处处可学数学。

因为数学反映的是事物之间的逻辑关系，所以我们现实生活中的每一个角落、每一个时间段几乎都离不开数学。也就是说即使没有数学课的学习，生活中也会有无限的感受数学的机会。比如，餐点时间可以让孩子感受餐具与人的一一对应、餐点的数量、二等分、四等分等；带孩子去商场、去集市会有钱币的兑换，可以让孩子练习加减运算……生活可以变成最好的课堂，点点滴滴的渗透就实现孩子数学学习由量变到质变的飞跃。

第七，小学数学不可怕。

很多家长担心孩子上小学后数学学习跟不上，或者不占有优势，所以急于要提前教会孩子，有的家长甚至会借来小学一年级的数学课本，先教孩子，这是最糟糕的，因为有些家长不懂得数学蕴含的逻辑关系的重要性，不懂得如何引导孩子进行逻辑推理和发展孩子的思维能力，于是仅仅着眼于数学知识的教授，这样做的结果会直接导致孩子数学学习兴趣的丧失，也会让孩子对上学后的课程学习缺乏好奇心，不利于孩子专注力和良好学习习惯的培养。其实，小学低年级的数学学习并不可怕，只要智力正常的孩子都可以学好。一年级的数学学习还是从10以内的数开始学起，最多到20以内的加减法。对于孩子来讲，最大的难度是退位减法，如“13 － 8＝ ？”。只要孩子在幼儿园大班学好10以内数的组成，能够熟练进行10以内数的加减运算，20以内的加减法的学习并不会有难度，像“13 － 8＝ ？”这样的运算题可以运用加法运算（8＋ ？＝13）或者凑10的方法（13 － 8＝10＋3 － 8＝10 － 8＋3＝2＋3＝5）进行计算。

25 英语学习

考虑到英语学习对于孩子今后发展的重要性，所以，我们儿子上幼儿园时选择的是一个双语幼儿园，眼看着孩子就要上小学了，一打听才知道有的小学一年级就开英语课，有的小学三年级才开英语课，而我们片区的小学恰恰一年级不开英语课，这可真是个麻烦，那不等于幼儿园三年英语白学了？我们如果没法为孩子转到一个合适的学校，是不是就该让孩子报一个校外英语学习班？我们自己英语水平太差，在家该如何辅导孩子学英语？如何让孩子在幼儿园学到的英语与小学的英语学习更好地衔接呢？

上面这位家长朋友面临的问题也正反映了现阶段我国幼儿园、小学、初中面临的英语教学衔接的问题。在20世纪80年代，我国普遍是从初中才开始设英语课，到了20世纪90年代很多地区尤其是东部沿海发达地区开始从小学五年级或者三年级设英语课，到了2001年，教育部要求全国城市和县城小学都开设英语课程，从2002年秋季起，乡镇所在地小学逐步开设英语课程，起始年级一般为三年级，但也有的大城市和省会城市小学一年级就开设了英语课，如上海、北京、成都、西安、南京等。但教材五花八门，师资水平参差不齐，与初中接轨，甚至与幼儿园和小学三年级接轨的问题都很难保证。

很多家长都意识到了英语学习的重要性，希望自己的孩子一定要早早开始学习英语，为了迎合家长的这种要求，无论是否具备条件，大多数幼儿园都开设了英语课，尤其是民办幼儿园，为了招徕和留住生源，很多都喜欢以“双语幼儿园”命名。很多年前就有人对幼儿园英语教学提出了质疑，为了规范幼儿园的教育教学，提高保教质量，促进幼儿健康发展，很多地市教育部门都曾针对幼儿园英语教学出台过一些文件，如山东省教育厅曾在2009年7月下发过《关于规范办园行为，防止和纠正小学化倾向等有关问题的通知 鲁教基函（2009）29号》，《通知》明确提出“幼儿园开展英语教育实验，必须是市级一类及以上幼儿园，必须有专科及以上毕业英语专业教师，并经市级教育行政部门批准”。这样类似的规范和制约尽管有些生硬，但却是有必要的。

仅从孩子语言敏感期的角度来看，3—6岁进行英语教育是有必要的，也是有意义的，但若从师资水平、语言环境、课程等必需的要素去分析现阶段早期英语教育，无论什么样的早教机构都或多或少存在一些问题。所以，如果附近小学一年级没有开设英语课，家长感觉孩子幼儿园学过的英语丢掉太可惜，可以考虑选择校外英语培训班。在选择时，不仅要考虑与自己孩子幼儿园的教育相互衔接，更重要的是要考察培训机构的资质，尤其是师资力量，否则可能会适得其反。

如何帮助孩子更好地适应小学英语教学？谈到英语教育的幼小衔接，不仅仅涉及教材，还有目标、教法和学法等问题。幼儿园阶段的英语教学注重兴趣培养，一般是以口语为主，以游戏化、情境化的听说为主，学习过程贯穿孩子喜欢的跳舞、唱歌、游戏、表演等活动。尽管小学阶段的英语教学要求学生掌握一定的词汇和语法，训练学生听、说、读、写的能力。但根据教育部制定的《小学英语课程教学基本要求（试行）》，小学英语教学分为三个阶段：一、二年级是语音、语调输入阶段，以听说为主。应达到以下要求。

- 在课堂上，借助实物、图片、教师的动作与表情，能对教师用英语提出的要求做出基本正确的反应。
- 能够听懂，并能根据实物、图片、动作等，用正确的语音、语调说出所学单词400个左右。
- 能够背诵所学的儿歌，会唱所学的英文歌曲。
- 能够掌握最基本的日常交际用语［如 Hello（你好）、Hi（你好）、Good morning（早上好）、How are you?（你好吗?）等］，能够进行简单的对话（发出简短的指令，做出简单的陈述，使用简单的疑问句以及对简单的疑问句和选择疑问句做出回答等）。

由此看来，如果孩子在幼儿园接受过比较好的英语口语和发音的教育，会为孩子顺利完成一年级的学习任务奠定良好的基础，学习应该不会有什么压力。如果孩子在幼儿园没有接触过英语，关系也不大，因为一年级英语基本是零起点。谈到困难，可能孩子遇到的主要问题是学习兴趣和学习方法的问题。因为班级人数多，也有部分小学教师欠缺教学方法，过于注重词汇和语法的英语语言知识的教育，过早地要求孩子拼写和背诵单词和课文，课堂教学无趣，可能会导致孩子对于英语学习兴趣大减。

如果家长想要帮助孩子，而自己英语水平又一般般，该如何做呢?英语学习最重要的是语感的培养，所以，为孩子创设良好的语言环境，让孩子多看、多听、多读、多说是非常必要的。如果家长英语水平还不错，可以在家庭生活中多和孩子说英语，让孩子自然而然地使用英语进行交流、表达和思考。大多数中国家庭的家长英语水平可能没达到自由交流的程度，发音也欠标准，那最好的方法就是为孩子选择适宜的学习软件、视频、磁带等，家长可以充分利用各种网络资源，从网上下载适宜孩子的英语教学视频或者英语歌谣、小故事、动画片等，和孩子一起看、听、说。看和听的同时一定要让孩子模仿说，作为一种语言的学习，模仿是必需的。

学过英语的人可能都会有这样的感受：受语言环境的制约，学了英语很容易就会忘，所以练习和重复是必要的。英语中有句谚语，“Repetition is the mother of skill。”（重复是技能之母）回忆一下我们学习任何一种技能的过程，无论是学游泳还是学骑自行车，都需要不断重复同一类动作才可能掌握，学习英语也不例外。家长和教师还需要注意重复的限度和技巧，无趣的反复练习会引起孩子的抗拒心理。

另外，家长尤其注意的是不要把单词的背诵和记忆作为孩子学习英语的主要任务，以免扼杀孩子学习的兴趣。有了纯正的语音基础与浓厚的学习兴趣，学好英语其实并不难。

26 艺术学习

以前女儿在幼儿园时时间比较充足，也没有什么学习任务，所以，我们为她报了舞蹈、主持人、美术、电子琴四个特色培训班。其实，我们也不是非要把孩子培养成什么艺术家，我和她爸爸就是觉得自己小时候家庭条件不太好，错过了很多艺术学习和发展的机会，如果孩子有条件能多学点艺术，积累一些艺术素养，也有利于她将来的发展，为她赚取更多的发展资本。可还有几天孩子就该上小学了，上学以后学习压力会很大，这些班还要不要上呢？我们很犹豫。

确实有很多家长会在孩子上幼儿园时为孩子报很多艺术特长班，幼儿园内外的艺术教育都得到家长的高度认同，社会上各种艺术培训机构也遍布城市各个角落，业余艺术教育已成为规模庞大、潜力无限的文化产业之一。有的家长认为，弹琴可以让女孩子显得更有修养，这是她为孩子选择学习钢琴的理由。有的家长是为了让孩子不输给别人，既然身边的人都在学，所以自己的孩子当然也要学。还有的家长是觉得学习一样乐器可以培养孩子的智力、动手能力，当然还有毅力，所以一定要孩子坚持学下去……不管艺术学习的需求是来自于孩子还是家长，是被动还是主动，到了一定阶段都会遇到是否坚持下去的问题。有时候可能是与学习时间有冲突，有时候可能是孩子没有兴趣和毅力，有时候可能是家庭变故……

要不要让孩子继续学下去，家长应考虑以下几点：

第一，艺术≠音乐＋美术＋舞蹈。

什么是艺术？迄今，并无一个大家都认可的定义。一般认为，艺术是人类以情感和想象为特性，通过审美创造活动，反映世界、表达自我的一种方式，是人的知识、情感、理想、意念、心理的有机产物，是对现实生活和精神世界的形象表现。现在的“艺术”，是指人工创造的一切具有审美价值的事物，如文学、绘画、音乐、舞蹈、雕塑、建筑、戏剧、摄影、电影等。人在精神世界的全部活动，就是对真善美的追求。“真”，就是科学；“善”，就是处世准则；“美”，就是艺术。在我们的现实生活中，“美”无处不在，艺术同样无处不在，如果仅仅把艺术局限于音乐、美术、舞蹈等有限的艺术形式，就是把艺术狭隘化了。

第二，艺术教育≠艺术技能教育≠艺术考级。

艺术教育并不仅仅指美术方面的绘画技能或音乐方面的歌唱技巧，它是促进每个人素养全面提升，使创造力、潜能、个性全面释放的过程。美国教育家杜威认为：“艺术是一种赋予人的生命以活力的体验，一个人通过艺术的观察、思考、创造所产生的对生命的感受，能够使人的精神境界上升到一定的情感高度。”如此说来，艺术和艺术教育可以丰富孩子的生活和情感，提升孩子的智慧。

学习艺术应该是是一种愉悦的审美教育，一种高级享受，但现阶段有些家长让孩子报很多艺术学习班，“撒网式”地学习才艺，并想方设法参与各种比赛、考级等活动，获得很多证书，以此来证明孩子的能力，并作为入学、评优的“敲门砖”。所以，有人说现在获奖的儿童越来越多，真正懂艺术的却很少。如此形式化、狭隘化、功利化的艺术教育必然会导致孩子学习兴趣的减退和学习负累的增加，这是我们不主张的。艺术学习是一个欣赏美、感悟美、创造美的过程，千万别让“变味”的考级坏了儿童艺术教育这锅纯净的“汤”。

第三，尊重孩子，选择好老师最重要。

在孩子三四岁时，很多家长就会很着急，不知道该让孩子学什么才艺、报个什么班，因为没有目标，所以就会很盲目，这也是导致很多孩子不喜欢、不愿坚持学下去的原因。我们在很大程度上会受周围人和环境的影响，比如邻居孩子的选择、班级里其他孩子的选择或者附近的艺术培训机构的宣传等。其实，报什么班、学什么门类的艺术，最重要的是尊重孩子，尊重孩子的需要和兴趣、尊重孩子的认知水平和特点、尊重孩子的发展和变化。很多家长最无法忍受孩子要求的变化，认为是孩子意志力太差，试想一个三五岁的孩子怎么可能没有变化？怎么可能“说到做到”“永不改变”？用打骂、捆绑式的方法让孩子坚持学习艺术实在是有违艺术学习的本真。曾经听到过一个6岁的小男孩说：“我最恨发明钢琴的人，最喜欢发明电视机的人。”艺术教育不应该成为孩子无法承受的负担。

其实，孩子对于艺术的学习兴趣和坚持性与老师有密切的关系。一个好老师懂得如何激发孩子的兴趣，会运用教育智慧在尊重孩子兴趣的基础上引导孩子，会让孩子感觉很亲近，而不是害怕。好老师也不会把艺术教育变成简单的技巧训练，让孩子生厌。

第四，生活和自然也是最好的艺术教育大师。

艺术与生活不是对立的，而是相辅相成的。如果艺术学习班已经让孩子的生活变得索然无味，或者不堪重负，这样的班不要也罢。孩子上学后肯定会以学习为重，放学后还要预习和复习功课、写作业，时间有限，就不可能上那么多的艺术学习班，家长应该和孩子好好协商，看如何消减，或者如何坚持，或者如何兼顾。

其实，生活和大自然同样是很好的艺术大师，只要我们具备了审美的眼睛和心灵，我们就会欣赏到生活中、自然中处处散发的美。家长和孩子都不应错过这样的审美感受，同时家长要鼓励孩子做各种富有个性的审美表达。

第五，让艺术伴随孩子一生。

无论是否上艺术班，是否学习技艺，我们都可以享受艺术之美。艺术让这个世界多姿多彩，艺术使人有了文野之分，艺术让我们活得纯净而富有诗意，艺术也会让我们疲惫的心灵获得休憩和慰藉。所以，最重要的不是艺术技能的学习、不是上这个班还是那个班、坚持这个班还是放弃等问题，而是保持孩子一颗对艺术敏感的心，这样就会发现时时处处留心皆艺术，让艺术滋润而不是束缚孩子飞扬的心灵。

27 识字学习

真是不比不知道，一比吓一跳。昨天去参加儿子幼儿园的开放日活动，发现班里有一个小女孩特别聪明，识字特别多，老师还让她读书给小朋友听。听她妈妈说，她4岁时就能认识2000多字，现在上大班了，儿童图书基本都能自己看了，真让人羡慕！我们儿子只认识很少的字，而且对我们教他认字没什么兴趣，也不喜欢安静地坐下来认字，怎么才能让孩子快快识字呢？

传统的对于文化教育的理解，都是从识字开始的。如果不教孩子识字，那幼儿园能教孩子什么呢？孩子又能学到什么呢？甚至有家长觉得幼儿园的费用交得太冤枉了，因为孩子没认识几个字。其实，这是对于幼儿园教育的误解。文字只是这个物质世界的一种符号，一种标识。从人漫长的一生的发展来讲，3岁认字还是6岁认字以及入学前认识多少字，并没有什么本质区别，识字多既不意味着孩子聪明，也不意味着孩子有发展潜力，更不意味着孩子将来能过上幸福的生活。未来世界需要的创新型人才也与识字多少没有任何关系，反而与孩子良好的人格、积极的情绪情感、责任心、团队精神、求知欲和创造力等有密切的关系，而这恰恰是幼儿教育最应该给予孩子的宝贵的东西。

识字大概是孩子掌握的知识中最容易外部呈现的东西，而且数量多少也很容易区分和比较，所以，就很容易成为家长评判孩子聪明与否以及自己教育成功与否的标准，甚至成为家长的炫耀品。不仅如此，还有一些不太明白幼儿教育的媒体宣传推波助澜，更让一些家长朋友眼热别人家孩子的“识字成就”，于是，经常会听到幼儿园园长和教师说：“我们不教孩子识字不行，家长不愿意，甚至以转园相要挟。”每每听到这样的抱怨，我们也很是理解。幼儿教育不是在真空中生存，肯定要受到方方面面观念的影响。事实上，识字多少真的不是孩子入学前教育最核心、最关键的东西。

对于幼儿园孩子识字的问题，我们虽然不支持，但也不坚决反对。因为每一个孩子都是生活在文字的环境里，而孩子个体对于文字的敏感程度是不同的。有些孩子确实很早就表现出对于文字的高度敏感，所以，这样的孩子识字早，而且可能很早就认识很多字。另外，汉字有一定的象形文字的特点，字形、字义联系密切，有些字就是画，画就是意，所以在生活中运用各种手段，有意无意教中班以上的孩子识字是可以的，但不可以给孩子任何学习压力，毕竟5岁以后才是孩子书面语言发展的关键期。在这之前，口头语言的发展才是幼儿阶段的核心任务，没有口头语言的顺利发展就不可能有很好的书面语言的发展。

热心于教孩子识字的家长还应该注意哪些问题呢？

第一，识字的需求最好来自孩子。

孩子在自己生命成长的过程中，受好奇心的驱使，自然就会发现文字的存在，而且会发现文字在生活中无限的用途，一个对外部物质世界好奇的孩子有一天自然而然就会对文字产生好奇，而且识字能给孩子带来很大的成就感。当他们像发现新大陆一样大声念出他们认识的每一个字时，他们会产生无限的自豪感。所以，家长无须强迫孩子识字，只需要等待孩子自己萌发认知需求。

第二，识字不等于阅读。

很多家长会把识字和阅读混在一起，认为识字就是阅读，或者阅读就是识字。其实，它们并不等同。尽管识字会帮助孩子提早进入独立的文字阅读，但我们还是提倡10岁以下的儿童多一些图画阅读。如果孩子通过阅读认识了很多文字，那也只是阅读的副产品，我们不希望识字任务破坏孩子阅读的兴趣，总之，识字不应该凌驾于阅读之上。

第三，在生活中随机识字。

4—6岁孩子的识字以游戏为主，主要在生活中随机进行，不需要专门的识字课。家长更不需要专门为孩子制作字卡，或者购买识字书，专教孩子识字。逛商场、进超市，在马路上、在公园里、在餐馆里，随时随地都会有文字闯进孩子的视野，只要孩子感兴趣，家长随时都可以教给孩子读音，不必考虑文字的繁简和难易。孩子的识字以整体认读为主，不需要分解偏旁部首，了解文字的间架结构。

第四，为孩子提供识字的环境。

小学低年级孩子的识字更多是语文学习的要求，需要结合课文的学习和朗读进行。生字在故事、儿歌、短文中会反复出现，为孩子提供了识字的环境。因此，这些故事、儿歌、短文应该让孩子反复朗读。通过朗读提高孩子识字的兴趣，同时，提示孩子朗读时口到、手到、眼到、心到。识字是低年级语文教学的重点，教师会在课堂上教孩子用不同的方法识记生字，如加部首识字、去部首识字、换部首识字、形声字识字、加一笔、去一笔等。掌握了一定的识字方法，孩子就能主动地、有效地识字，逐渐提高识字能力。

第五，让孩子在环境中使用文字。

认识的新字如果不用，很快就会遗忘。有些家长怕孩子忘了，会强迫孩子每个字念几百遍，或者每篇课文读上几十遍，那样只会令孩子产生厌恶和恐惧心理。最好的办法不是单调的重复，而应该让孩子在不同的语言环境中反复读到它。所以，家长可以帮助孩子丰富阅读材料，在给孩子读各种儿童读物时，让孩子自己寻找认识的字，并在书上标注出来。慢慢地，孩子在书上圈出的字越来越多，也会越来越有成就感并体验到识字多的好处，自然而然也就会越来越喜欢识字。

28 写字学习

孩子马上要上小学了，我们才发现他不仅认字太少，而且除了自己的名字和10以内的数字，别的字都不会写，真有些着急了。不说别的，如果不会写字，孩子上学后连作业都记不住，如果写字别别扭扭，老师也会批评的。听说一年级老师教学进度都挺快的，万一我们家孩子上学以后赶不上，可怎么办呢？看来，必须给孩子“加加餐”了，利用上学前这4个月，赶紧让孩子多学一点，多练练写字，免得上学以后跟不上。

孩子在成长的每个阶段都有自己的核心发展任务，识字和写字都是小学阶段语文学习的任务，不是幼儿园阶段的学习任务，所以，孩子上学前大都不会写字，认识的字也很少，除非家长或者幼儿园老师专门教，但这又不符合幼儿教育的科学理念。山东省教育厅曾于二〇〇九年七月七日下发《关于规范办园行为，防止和纠正小学化倾向等有关问题的通知》（简称《通知》），《通知》要求幼儿园要“坚决纠正学前儿童拿笔写字过早、握笔姿势不准确、不注意用眼卫生等错误现象”。这样的规定是有其深刻的道理的，是实实在在为孩子的健康成长服务的。如果幼儿教育过于小学化，必然会剥夺孩子游戏的权利，影响孩子的身心健康发展。

案例中的这位妈妈的心情我们可以理解，但担心是不必要的。第一，孩子入学初期，作业很少，或者没有。即使有，老师也会教孩子学习运用符号、拼音等方式进行记录。第二，学前不识字，也不会影响孩子入学后的学习成绩，因为小学一年级无论是语文学习还是数学学习，都是从头开始的。第三，入学前“加餐”式的训练班，如果不注意方式、方法，任务过重，超越6岁孩子的接受能力，不符合孩子的兴趣和需要，极易导致孩子厌学或惧学，那就因小失大了。

写字和识字不一样，因为写字要求孩子具备较好的空间知觉能力、手眼协调运动的能力和手部肌肉精细动作的发展。年龄太小的孩子，生理机能发展不充分，很难控制好铅笔，不仅写不出好字，而且容易导致孩子用力过度、肌肉僵硬、握笔姿势不对等，影响其身体健康；更有可能导致孩子出现惧怕学习、挫败感强等一系列心理问题，所以，在幼儿园阶段我们不主张孩子学写字。

孩子虽然在幼儿园阶段不学写字，但应该为学写字打好基础。《幼儿园教育指导纲要（试行）》（简称《纲要》）提出幼儿园应该“培养幼儿对生活中常见的简单标记和文字符号的兴趣”“利用图书、绘画和其他多种方式，引发幼儿对书籍、阅读和书写的兴趣，培养前阅读和前书写技能”。由此可以看出《纲要》对于文字符号和前书写的关注。“前书写”，顾名思义，就是让孩子在学习正规的书写之前能正确握笔，并能较好地控制手部肌肉运笔，并保持兴趣。其实，前书写技能的练习不是从上大班才开始的，孩子两三岁开始的涂鸦式的绘画，包括涂色、描画物体轮廓都是在学习握笔、运笔；孩子玩沙土、玩积木插塑玩具等各种各样的游戏，以及穿衣、系扣子等自我服务的活动，都是在学习控制手部的精细动作，发展手眼协调能力，为写字打基础。所以，想要孩子学写字的家长们，在孩子五六岁以前，应该让孩子多玩，多做事，多运用手指做一些精细动作，以发展动作的协调性。

在孩子进入到幼儿园大班之后，幼儿园老师会教孩子在田字格里学习规范地书写数字，这是孩子学习书写最直接的准备。当然，孩子还会在家长的帮助下学习书写自己的名字，便于入学后的自我管理。还有些家长会急于让孩子描红，买很多的练习册，让孩子描字。我们不主张孩子太早就开始枯燥的描字练习，主要是意义不大。很多家长会像老师布置作业那样，每天让孩子描写很多页，尤其是入学前的暑期，家长忙于工作无暇关照孩子，又怕孩子不学好，所以就用培训班或者描红作业拴住孩子，这样的结果不仅不理想，甚至可能适得其反。

写字对于一年级的小学生来说，也不是一件容易的事，应该重点培养孩子良好的写字习惯，指导孩子写规范字。在孩子学习写字的初期，家长最应该关注的是孩子的写字姿势和握笔姿势，不要让孩子歪着身体、吊着膀子或者趴在桌子上写字，以免影响其身体发育和眼睛健康。正确的写字姿势是眼离本子一尺远，胸离桌边一个拳，手离笔尖一寸高。正确的握笔姿势是拇指食指面对面，三个指头藏后面，笔杆靠在虎口上。一年级学生都被要求在田字格中书写汉字，因为田字格能够帮助孩子正确地把握汉字的间架结构。教师会在课堂上进行写字指导，引导孩子仔细观察字的结构和关键笔画。

对于刚开始写字的孩子，不宜加大写字量，每个字按田字格的位置认真地写上两三个即可。最怕家长或者教师布置惩罚性的作业，比如一个字写一页、一篇课文每个字写10遍等。经常能听到家长或者教师抱怨孩子不认真，写字潦草，田字格那么大，都能写到外面，横不正，竖不直，歪歪扭扭。其实，这真是对孩子的误解。诚然，孩子贪玩，不喜欢作业，但绝大多数孩子都很想写好字，都想得到老师的肯定和表扬。但因为孩子年龄小，汉字书写又太复杂，写出来的字很难像成人一样漂亮。另外，很多老师家长会对孩子进行横向比较，动辄就是“你看看人家……”，这也不太公平，因为毕竟每个孩子性格不同、天赋不同、经验不同、精细动作发展水平不同、对于手指头的控制能力不同，怎么可能都写一笔漂亮的字？

研究发现，还有部分学习困难的儿童存在书写困难，一般表现为：握笔方法不正确，手指过于接近笔尖，或过于远离笔尖；书写姿势不正确；握笔的力量控制不当；写出的字体大小不均匀，粗细不一；字间距离不当，每个字的组成部分之间距离太远，字与字之间距离太大或太小；笔顺不正确；字迹潦草，字没有结构，东倒西歪，不成比例，横不像横，竖不像竖，信手乱涂，有时连自己都认不出写的是什么；字混写，特别是在写拼音字母或数字时，分不清6与9、5与2、b与d、p与q等。对于这样的孩子，家长和教师需要加倍的耐心和支持，不苛责孩子，不用惩罚性的措施对待孩子，多在课外时间帮助孩子做一些有效的精细动作和专注力的练习。要记住一点：保持孩子对于学习的热情，比什么都重要。

29 阅读与悦读

尽管我们两口子文化水平不是很高，但一直很重视儿子的教育。为了让儿子上个好点的小学，我们想方设法在全市最好的小学旁租房子住，可是，让人很失望的是，我们发现儿子不喜欢读书，看电视一看就是几小时，让他读书去就一副蔫蔫的表情，老大地不愿意。我们给他买了不少带拼音的名著，他也不喜欢看，偶尔看的就是那么几本漫画书，不知道怎么才能让孩子喜欢上读书。

阅读非常重要。阅读不仅让我们远离荒蛮、走近文明，让我们站在巨人的肩膀上看世界，还让我们内心充实而丰盈，让我们明了生活的意义。莎士比亚说："生活里没有书籍，就好像没有阳光；智慧里没有书籍，就好像鸟儿没有翅膀。"所以，每一位关注孩子成长的家长都应该关注孩子的阅读问题，帮助孩子爱上阅读。

（1）有用的阅读与无用的阅读。成人关心孩子的阅读首先是因为阅读有用，有人把阅读的好处归结为以下几条。

- 培养学习兴趣。
- 增强语言能力。
- 增加知识。
- 提升写作能力。

- 扩展人生经验。
- 树立远大理想。
- 受到人格熏陶。
- 培养想象能力。
- 养成独立思考能力。
- 享受人生的快乐。

在所有的用途中，最被家长朋友重视的是阅读与孩子将来的学业成绩之间的关系。教育研究表明：儿童的阅读能力与未来的学习成绩确实是正相关，即学生的阅读内容越丰富、阅读能力越高，越有利于各方面的学习，而且阅读越早开始越有利。可是，如果我们太过于重视阅读的功利性目的，必然会导致我们给孩子买的书、与孩子进行的阅读过程过于强调结果，给予孩子阅读太多的附加值和负担，于是，阅读变成索然无味的学习。

其实，如果把人的发展放在几十年的岁月长河中看，“有用”和“无用”就没有那么绝对的界限。当下我们看起来“无用”的事情，可能在将来恰恰是最有用的。所以，我们在孩子的童年时代，不必过于计较阅读是否有用，开卷有益，让孩子养成阅读的习惯最重要，时间久了，阅读的长效滋润作用自然会显现出来。

（2）让孩子享受阅读的乐趣。把题目定为“阅读与悦读”，最核心的观念就是阅读应该为孩子带来愉悦，带来精神上的享受。如果阅读是“学海无涯苦作舟”的事情，恐怕没有孩子会喜欢。阅读对于儿童而言，首先是得到爱与快乐的途径，其次才是汲取知识的手段。儿童最初的阅读，是依偎在家长怀里共享温暖、共同游戏的活动。在这个过程中，孩子的第一需要是家长的爱——家长通过图书传递到孩子心底里的爱，家长和孩子共同感受图书这一媒介传递的温暖，否则，阅读就可能是一次没有意思的失败经历。

要让孩子享受阅读的乐趣，家长还要注意哪几点呢？

第一，不强求孩子背诵书中的内容、记住书里的文字。

孩子对于图书内容的记忆以及识字的多少，容易成为家长判断孩子阅读是否有效的依据，也容易成为家长炫耀孩子学习成就的资本，这是影响孩子阅读乐趣最大的陷阱，请家长谨记。

第二，不要求孩子回答一大堆的问题。

就像语文教师的阅读课一样，有些家长，特别是有知识、有学问的家长，会在阅读前提一些问题让孩子思考，阅读之后让孩子根据阅读的内容回答，结果当然是把阅读变成了上课，使阅读的乐趣大大降低。

第三，不强调对故事的意义或主题思想的解释。

有些人会过于强调阅读的“教化”功能，所以，为孩子讲的每个故事，与孩子进行的每一次阅读都要向孩子解释其意义。每个文学作品的创作者肯定都会在作品中渗透一定的思想和观念，但孩子的阅历有限，知识经验有限，所以，其理解能力是十分有限的。孩子的阅读不必拘泥于作品的主题思想，家长可以和孩子讨论、倾听孩子的理解，但不必强调“正确性”。在孩子上学有了一定的写作能力之后，不要强求孩子阅读之后写阅读笔记和读后感，否则，很容易导致阅读兴趣降低。

第四，不只选自己认为有意义的书让孩子读，更要尊重孩子的阅读兴趣。

和玩具一样，家长要为孩子买书，因为不管多大年龄的孩子都需要有书相伴。有些家长在为孩子买书时，只选自己认为有意义的，像案例中那位家长，认定带拼音的名著就是好书，但这样的书却不一定就是适合孩子的好书。孩子年龄越小，越会喜欢文字不多的图画书。孩子上学后，家长可以选择一些带拼音的图画书，图画书涉及的内容要尽可能广泛、有趣。如果家长不能确定孩子是否喜欢，可以带孩子一起买书，鼓励孩子自己选择图书，并尊重孩子的选择，家长不必排斥孩子喜欢的漫画书。

第五，不只要求孩子读书，家长自己也要读书。

自己不读书却很看重孩子读书的家长不在少数，经常会看到家长对在电视机旁的孩子吆喝“读书去”“怎么就知道看电视”，却从来没想过自己为孩子做了什么样的榜样。美国著名阅读专家吉姆·崔利斯在《朗读手册：大声为孩子读书吧》（天津教育出版社，2006）里说：“人与书并不是先天互相吸引的，开始时，必须有媒介——家长、亲戚、邻居、老师或图书馆员，将书带到孩子的世界。”其中，家长尤为重要。所以，在孩子很小的时候，就请读书给孩子听，因为孩子在13岁之前的听力理解能力要比书面理解能力强。读书给孩子听，不只是为孩子做一个爱读书的好榜样，还让家长温暖的文学语言伴随爱一起陪伴孩子成长，就像松居直先生在《幸福的种子》（明天出版社，2007）一书中强调的那样，“如果您希望孩子拥有较强的学习能力，最好从孩子的婴儿时代开始，就用自己的声音——不是录音带，不是收音机，也不是电视——唱歌、说话给他们听，等他们大一点了，再用自己的声音念图画书给他们听，这样才能使孩子拥有丰富的语汇，成为内心充实的人。”

第六，阅读不需用奖励。

有些家长认为给予奖励可以培养孩子阅读的兴趣，事实上可能正相反。如果阅读本身是愉悦的，阅读本身的愉悦享受会成为孩子阅读的强化剂，不需要任何外在的物质刺激；如果阅读本身没有为孩子带来愉悦感，家长奖励带来的刺激又能持续多久？

30 阅读障碍

闹闹上学快一年了，我们发现他拼音学得不好，读课文的速度很慢，读的时候也很粗心，经常会加字、漏字、读错字、跳行，而且读完之后不知道什么意思。另外，刚学过的字他很快就会忘记，听写成绩很差。数学口算题成绩很好，但应用题成绩就很差。因为他这么粗心，没少挨老师训，我们也很着急，在他做作业时会专门在旁边监督他、辅导他，但发现他的作业还是经常出错，真让人无奈。

对于上面这个孩子，我们不主张训斥，而应该带孩子去做一个心理方面的测试，看其是否患有阅读障碍。阅读障碍是学习障碍的主要原因，所有被诊断为学习障碍的儿童中，70% 以上可能是由于阅读障碍引起的。据研究，英语国家中有阅读障碍的儿童高达10%～30%，汉语儿童中有阅读障碍的人约占3%～5%。

我们国内对于阅读障碍的认识和研究起步比较晚，很多家长和教师更不具备这方面的知识经验，大多数时候会把这种问题看成是孩子学习态度不认真，或者性格太过大大咧咧。其实不然，有阅读障碍的孩子其智力、情绪发展正常，但却不能很好地阅读文字材料。1896年，英国的摩根博士在《英国医学杂志》上第一次提出了发展性阅读障碍，之后对它的研究和治疗工作延续至今。

印度有个电影叫《地球上的小星星》，里面的主人公伊桑就是一个患有阅读障碍的儿童，可是家长和老师并不知道，他们都认为伊桑学习不认真，学习不努力，而且调皮捣蛋，态度恶劣。因为成绩太差，他在读第二遍三年级的中途转学到了一所寄宿学校，那是一所以纪律和严谨著称的学校。他想家，学习依然困难，还要面对无法打领带这些问题——这些能力也是阅读障碍患者同时缺乏的，他被老师和同学排斥，孤独而无助。直到一个美术课的代课老师库尼巴来到了他们的课堂，才出现了转机。库尼巴老师曾经也是一名阅读障碍者，所以是他第一个察觉伊桑的问题所在，而且他也发现了伊桑在美术方面非凡的天赋。他去伊桑家里家访，与他的家长沟通，并抽出很多时间、花很多精力去给伊桑做有针对性的训练，最终成功地让伊桑取得了很大的进步，并改变了周围人对伊桑的态度。

每个孩子都是地球上的小星星，幼小，却独特而闪亮，需要我们的关爱，也需要我们的赏识。影片借老师库尼巴之口，说出了一大串曾经患有阅读障碍的名人：爱因斯坦、达·芬奇……但这没有妨碍他们成为有成就的科学家、艺术家。这些正面的例子固然让人感到鼓舞，但在现实生活中，可能并没有那么乐观，因为患有阅读障碍的孩子可能会成为老师眼中的捣蛋者、拉班级成绩后腿的人、不受欢迎的人，最终可能会被贴上“自暴自弃的人”“失败者”等标签。所以，对于阅读障碍症，教师和家长应该有一些简单的了解，尽早发现，然后有针对性地进行训练，以帮助孩子摆脱或者减轻因为阅读障碍带来的一系列不良影响。

患有阅读障碍的儿童通常有以下表现。

- 认字与记字比较难，刚学过的字很快就忘记。

- 听写成绩很差。
- 朗读时增字、减字，读错字，跳行。
- 阅读速度很慢，逐字阅读或需要借助手指阅读。
- 阅读后回答问题有困难。
- 错别字连篇，写字经常多一划或少一笔。
- 经常搞混形近的字，或者搞混字的偏旁部首。
- 经常搞混音近的字。
- 学习拼音障碍，经常会把p和b看错。
- 爱做数学计算题，不爱阅读和学习语文。

其实，这些孩子还存在不同程度的行为问题，比如手脚笨拙，系扣子、鞋带有困难；整理自己的书本、文具、玩具显得有困难；写字时很难掌握空间距离和字的间架结构；不太容易辨析距离、方向；有时表现得注意力不集中或无组织，对于所看到或听到的刺激，仅能掌握一小部分……

我们成年人会觉得阅读很简单，一个人顺理成章就能学会阅读。其实，阅读是一个很复杂的过程，是多种心理功能的协调活动。在阅读过程中，我们首先需要发挥视知觉的作用，视知觉的分辨与记忆都需参与进来。同时，阅读需要对声音的辨别与记忆，阅读是一个对所看到的字的声音的反应过程，只有熟练的读者，才能进行默读。我们还需要通过对字形、字音和字义的联系、上下文的联系，获得对字词意义的理解。缺少其中的任一个环节，人对字词的认知与理解就会出现问题。造成孩子阅读有障碍的原因是多方面的：如果视知觉能力落后，就会造成阅读时加字、漏字、跳行，阅读速度很慢等现象；如果听知觉能力落后，就会造成读而不闻，读而不懂等现象；如果出现失语症、大脑麻痹、智力迟钝和运动失调等大脑神经功能障碍也会造成阅读障碍。

情绪因素也会造成孩子出现阅读或学习障碍。比如，有的孩子非常胆小、自卑，不敢在课堂上朗读，结果越不练就越有障碍和恐惧心理；还有的孩子非常敏感，特别在意别人的评价，生怕读不好或读错了引起同学笑话，所以朗读时惴惴不安，不能够轻松流畅地阅读。如果遭到老师的批评甚至惩罚，可能就真的成为患有阅读障碍的孩子。另外，教育方法不当也会加重孩子的问题。对于不太喜欢阅读的孩子，家长和教师可以适当地引导，尽可能用平和、放松的态度看待孩子的问题，不要一味地逼着孩子练习阅读，否则会给孩子造成很大的心理压力，让孩子对阅读更加抵触，甚至产生厌烦心理。

为了避免孩子出现阅读问题，家长应该尽早地放手让孩子独立做事，在做和玩的过程中发展孩子的精细动作和手眼协调的能力。家长更要注意培养孩子的阅读兴趣和阅读能力，让孩子享受阅读的乐趣。对于孩子出现的阅读障碍，家长应该尽早识别，并给予心理上的关怀和阅读技能上的支持。对于患有较严重的阅读障碍的孩子，比如孩子在神经生理方面可能存在缺陷，需要由专门的心理医生和教师采用特殊的方法进行矫治，如多感觉通道法，即强调运用人的多种感觉通道进行矫治，诸如视、听、动、触等；神经组织矫正法，即让有阅读障碍的孩子进行视觉描绘练习和手眼协调练习，以促进其大脑半球优势能力的发展；对于有情绪障碍的儿童，则需先经心理咨询人员矫治其心理问题，再考虑帮助其发展阅读能力。

31 纪律问题与专注力

儿子从上一年级开始，我们两口子三天两头就会被老师叫到学校谈话，最主要的就是儿子的上课纪律问题。儿子上课总是注意力不集中，经常搞小动作，有时候是趁老师在黑板上写字时离开座位，有时是叠小飞机乱扔，有时是揪前面女同学的辫子或踢前面同学的椅子……好像所有的任课老师都批评过他，可就是不见效。老师认为我们家孩子可能患有多动症，可我们带着孩子去医院检查，医生说没有发现什么异常。我们也感觉他脑子挺聪明、反应挺快的，但他确实不太喜欢学习，写作业也很拖拉、不专注，怎么办？

孩子坐不住、学习不专注一直就是家长和老师们反映最强烈的问题之一。教育研究也表明，专注力确实成为影响孩子学习效率和学习成绩的主要因素，但不专注不等于多动症，不应该盲目地给孩子贴标签，因为活泼好动是所有正常儿童的天性。有一个简单的方法可检验儿童的注意力是否正常：观察孩子在做他很感兴趣的事情时，是否能集中注意力。若能，则说明孩子的注意力是正常的。孩子有意注意的时间随年龄的增长会越来越长，一般三四岁的孩子为7～15分钟，四五岁的孩子为15～20分钟，五六岁的孩子为20～25分钟，六七岁的孩子为30分钟左右。

为什么还是有一些正常的孩子会在上课时不专注，频频出现纪律问题，令老师和家长都很头疼呢？

孩子上课不专注的原因是多方面的：

（1）可能与教师的教学内容和教学方法有关系。单调乏味的教学内容，或者过难、过易的内容都可能让孩子注意力分散。在教学过程中一味地要求孩子坐着听讲，而不是在做中学、游戏中学，也可能会让孩子坐不住。

（2）可能与有些孩子的个性有关。有些孩子天生就兴趣广泛，注意力很容易分散，做任何事都很难持久。其中，以男孩子居多。

（3）可能与孩子从小没有养成良好的倾听习惯。也或者与孩子不适应新学校的集体生活有关。孩子如果存在一定的适应困难，也不能安定下来听老师讲课。

（4）可能与身体健康有关系。有些孩子从小没有养成良好的饮食习惯，挑食、偏食严重，造成身体微量元素的缺乏，影响了他们做事、学习的专注力。

（5）运动缺乏也可能会影响到孩子的专注力。现在城市里大多数孩子生活在高楼大厦里，室内游戏多、户外活动少，家庭看护过度，缺乏体育锻炼，也会影响到孩子的各种能力。因为在运动中，孩子的肌肉、神经和感官只有相互配合，才能完成相关的动作。

所谓专注力，是指能较长时间把视觉、听觉、触觉等感觉集中在某一事物上，达到认识该事物的目的。专注力是一切学习的开始，是孩子最基本的适应环境的能力。一般专注力高的孩子，做事效率高，很容易产生自信心、成就感，并且会对学习有持久的学习兴趣和愿望，这对于孩子的发展具有重要的意义。

在孩子专注力的培养中应注意以下几点：

第一，孩子专注力的培养越早越好。

很多家长到孩子上学或者到教师告状后才发现孩子上课存在纪律问题，不能专心听讲，而这时孩子的不良习惯基本已经定型，再去纠正，就会事倍功半、收效甚微。因此，在孩子一两岁开始玩游戏时，家长就要注意培养孩子的专注力品质。在幼儿园阶段，通过各种活动尤其是游戏，培养孩子的有意注意。

第二，尊重是培养幼儿专注力的前提。

很多家长并不知道尊重孩子和培养孩子专注力之间的关系，结果恰恰是因为自己对孩子活动的不尊重导致了孩子后来的不专注。比如，家长下班回家，不管孩子在做什么，都会大喊孩子的名字，然后亲一亲、抱一抱孩子；从来不会在意孩子正在从事的活动是否已经告一段落，就叫孩子吃饭或者带孩子出去；孩子正在写作业，旁边陪伴的家长唠叨起来没完，一会儿嫌孩子写字潦草，一会儿嫌孩子作业拖拉，一会儿又批评孩子玩橡皮……长此以往，必然会影响到孩子的专注力。尊重孩子，不仅包括尊重孩子的人格，也包括尊重孩子从事的活动。著名的意大利幼儿教育学家蒙台梭利一直特别强调孩子专注力的培养，她要求教师在孩子工作的过程中甚至连一个“好”字都不要说，更不要打搅孩子。

第三，利用孩子的好奇心和兴趣培养孩子的专注力。

孩子会因为好奇心而专注，也可能因为好奇心而分散注意力。帮助孩子排除环境中的干扰因素，就会让孩子专注于他好奇、感兴趣的活动中。而兴趣永远是最好的老师。对于自己喜欢的活动，孩子都会长时间地投入注意力。蒙台梭利认为：“一件事物能否吸引儿童的注意力，不在于事物本身的特征，而在于它能为儿童提供多少活动的机会。”所以，学习的过程最重要的是能让孩子进行操作、体验、观察、交流、表演等活动，活动多样而富有变化。

曾经听一位妈妈抱怨自己的孩子——“只有在看电视或玩游戏的时候才能做到全神贯注”，即使如此，家长也不能着急，因为家长的焦虑情绪会给予孩子暗示，不利于相互间的沟通。家长应先接受孩子的爱好或是兴趣，当他认真玩的时候不要打扰他，玩后肯定他的专注力。然后，从孩子喜欢的东西着手，转移他的注意力，慢慢引导到学习上来。

第四，利用游戏培养孩子的专注力。

喜欢游戏是儿童的天性，游戏不仅能满足孩子的心理需要和身体需要，也是培养孩子专注力的良好途径。心理学家曾做过这样一个实验：让孩子在游戏和单纯完成任务两种不同的活动方式下，将各种颜色的纸分装在与之同色的盒子里，然后观察孩子注意力集中的时间。实验结果发现，在游戏中4岁孩子可以持续22分钟，而且分放纸条的数量比单纯完成任务时多50%。在单纯完成任务的情况下，同龄的孩子最多只能坚持17分钟。所以，在游戏中的孩子，其专注力集中程度和稳定性更强。

对于5岁以上的孩子，为了让其更好地适应学校生活，家长可以引导孩子多玩一些静态的游戏，如拼图、走迷宫、下棋等，游戏内容由简单到复杂，然后逐步增加游戏的难度，延长游戏的时间，以训练孩子的有意注意和思维能力。

第五，用加法的原则培养孩子的有意注意。

在培养孩子专注力的过程中，必须遵循孩子的年龄特点和心理特点，逐渐延长孩子的注意时间。最初，孩子只要坚持12分钟的专注力，就予以称赞，之后再逐渐延长到一次5分钟、10分钟。赞赏、鼓励是重要的激励因素。同时，要注意动静结合，保证孩子必需的户外活动和游戏时间，不要用单调的读书、写字活动来培养孩子的专注力。

第六，帮助孩子营造良好的环境，排除分散孩子注意力的因素。

专注于一件事，需要良好的外部环境。如果身处嘈杂的环境，即使是成年人也很难做到心静如水，更何况是五六岁的孩子。所以，当孩子在埋头认真地搭积木时，不要强迫他一定要马上吃饭；当孩子正在投入地画画时，不要动他的画笔，也不必夸奖他；当孩子读书或者写作业时，尽可能避免家里有太多嘈杂的声音，也不要不停地批评孩子。若发现孩子作业有问题也要等孩子停顿下来再加以指导。如果条件允许，请给孩子一个自己的空间，摆放孩子自己的玩具和学习用品。有时候，让孩子能专注于他当下的工作，就是对孩子最大的支持。

32 电视和电脑游戏

我们平时太忙，对孩子的关照和陪伴少，孩子主要是由保姆带大的。可是，现在我发现孩子不喜欢去外面玩，对于读书什么的也不感兴趣。每天从早晨一睁眼她就坐在电视机前，晚上该上床睡觉了还不肯离开电视。强制性地关电视，她就哭闹，拗不过她，就只好随她。可是马上要上小学了，如果还这样肯定会影响学习的。如何帮助孩子减少对电视的依赖呢？

小孩子迷恋电视和电脑游戏会不会影响学习？答案是肯定的。人的精力是有限的，过于迷恋电视和电脑游戏，会导致没有太多时间，也没有什么心思去考虑学习的事。不仅如此，法国马赛医科大学儿童心理学教授马塞尔·吕福在对数百名6—11岁的儿童进行了一次关于儿童与电视的调查后认为：儿童每天看电视的时间不宜超过30分钟，否则将导致记忆力减退、注意力分散。此外，电视和电脑提供更多的是图像和声音，在电视和电脑面前，儿童更多的是被动地接收信息，长此以往，必将影响到孩子的思维能力和想象力的发展。迷恋电视、电脑的孩子还因为同伴交往和户外活动的减少，导致身体健康水平和人际交往能力下降。有研究发现，儿童平均每天看电视的时间与其肥胖发生率呈正比。平均每天看电视时间为少于1小时、1～2小时、2～3小时、大于3小时的儿童，其肥胖率分别为 10.9%、11.8%、13.2%、15.1%。看电视时间长的儿童，其肥胖率显著高于看电视时间较短的儿童。当然，长时间玩电脑游戏的结果也是一样的。年轻的家长在抚养孩子的过程中一定关注这个问题，不要等孩子迷恋或者依赖上电视、电脑游戏后再着急。

家长应该怎么做呢？

第一，无论自己有多忙，都不要把孩子推给“电视保姆”。

有些年轻的家长因为工作很忙，没有时间和精力陪孩子玩，就会打开电视让孩子自己看，只要孩子不哭闹、不缠着自己就行，这样养育出来的孩子只能是“电视小孩”。如果把孩子交给老人或者保姆照看，也应该与他们事先沟通好，限定孩子每天看电视的时间。家长更不要因为自己想看电视，就抱着孩子一起看，甚至看起来没完没了。

第二，从小就让孩子懂得电视和电脑仅仅是工具，要学会利用工具，而不是被工具控制。

电视和电脑给人类生活带来了很多便利和好处，所以，家长们也不必把电视和电脑看作“洪水猛兽”，一概不让孩子碰。有些经典动画片既具有艺术审美价值，也有良好的教育价值，孩子当然可以看，但成人的电视剧就不太适合孩子看。此外，让孩子在电脑上玩点益智游戏、听听音乐，也是一种很好的学习和娱乐方式。所以，关键不是让不让孩子看电视、玩电脑，而是如何帮助孩子理智地筛选内容，并控制好时间。

第三，利用正向鼓励和家庭契约帮助孩子学习自我管理和自我控制。

小孩子看电视、玩电脑时需要家长帮助控制时间。对于三四岁的孩子，家长可以运用奖励的方式鼓励孩子遵守看电视的时间。只要孩子遵守了规定，就要表扬和奖励。不过，孩子毕竟年龄小，有时候无法控制自己，也很正常，家长不要太过苛刻。

对于五六岁的孩子，家长应该和孩子商量每天适宜的看电视时间，然后和孩子一起制定一份家庭契约并共同遵守，以强化孩子的自我约束能力。既然是家庭契约，就应该是建立在家长和孩子双方商议、平等自愿的基础上的，家长不能强迫孩子。下面是一份看电视的家庭契约，仅供参考。

关于看电视的家庭约定

目　标：明明周一至周五每天下午6:30—7:00看电视；周六、周日每天上午增加30分钟。

做　法：明明自己看钟表，时间到了，自己关电视。如果一个节目没看完，可以适当延长至结束。

爸爸妈妈每天看电视的时间和明明一样，周一至周五为30分钟；周六周日为1小时。

爸爸妈妈每天下午6:30负责做饭，不打扰明明看电视。

有效期：2011年8月28日—2012年1月1日。

奖　惩：如果明明一周五天都能做到，周六、日两天奖励去游乐场玩1小时；如果明明一周有一天没有做到，则减少周末看电视30分钟的时间；如果一周两天（包括两天以上）没有做到，则取消周末两天看电视的权利。

儿子：杨　明（自己签字）

妈妈：刘　黎（自己签字）

爸爸：杨至啸（自己签字）

2011年8月28日

第四，培养孩子广泛的兴趣爱好才是治本之策。

孩子迷恋电视和电脑，除了电视和电脑本身的吸引力之外，更重要的原因是孩子活动范围狭窄，没有培养起对运动、阅读等活动的兴趣。如果想要把孩子从电视、电脑前挪开，家长就要有更多的时间陪孩子玩：带孩子去郊外爬山、踢球、游泳，培养孩子对运动的兴趣和运动的习惯；每天给孩子讲故事，陪孩子看图画书，和孩子一起享受阅读的乐趣；和孩子一起饲养小动物、绘画……只要孩子有自己感兴趣的事情，就不会过度迷恋电视和电脑。

沟通篇

当孩子走进小学的大门，看着他的背影，家长不禁担心这个小小的人儿如何面对新的环境？怎样结交新的朋友？怎样在新的班级中获得关注？孩子有了问题，该如何和老师沟通？可以向老师表达自己的不满和期许吗？……孩子和家长时时刻刻都处在各种关系之中，孩子和同学、孩子和老师、家长和孩子、家长和学校……所有这些关系都被理顺了，和谐了，孩子的成长也就顺利了。沟通真的很重要。

33 入学年龄

琳琳是10月份的生日，提前两个月上的幼儿园，在班里学什么也认真，老师反映她表现很好。于是，妈妈认为让她提前两个月上小学也应该没问题，就到处托关系让琳琳提前上了小学。结果琳琳上学后表现不尽人意，老是记不住作业，上课还走神，学习非常吃力。老师经常找家长，弄得琳琳不愿上学，爸妈也很头疼。和琳琳同年龄的菲菲，比她晚上一年学，成绩却很好，组织能力也很强，是老师眼里的好学生。菲菲上学非常自信，每天都高高兴地去，轻轻松松地回，还当上了班干部。琳琳妈妈很纳闷，琳琳比规定的上学年龄就小两个月，为什么早上一点就差别这么大呢?

孩子的入学年龄是很多家长关注的问题，绝大多数家长都想让孩子提前入学。有的家长认为，“我的孩子只差三四个月，应该不会差多少，上学没问题”；有的家长认为，“提前入学＝智力开发”；还有的家长望子成龙心切，认为早进入学校，就能早让孩子成才。殊不知，家长的这些想法和行为不仅会给学校的正常教育带来一定困难，还直接影响到孩子的健康与发展。

从生理角度来说，5岁孩子和6岁孩子相比，身体发育水平的差别确实不算很大，但是从心智发展上看差距还是很大的。孩子是否真正到了适宜上学的程度，取决于孩子的身心发展程度。据长期的追踪研究发现，年龄差几个月，孩子的表现差距却很大。比如，5.5岁的孩子和6岁的孩子在注意力、自制力、坚持性、人际交往能力、抗挫折能力，甚至手部肌肉发育（直接会影响到孩子用笔写字的水平和能力）上都有较明显的差距。因此，提早让孩子上学，孩子就会跟得非常辛苦，在学习中积累的问题会越来越多，久而久之，就会对上学产生畏惧和厌倦情绪，对自己越来越没有信心。这样长时间处于一种“劣势”，使孩子在起步阶段变得非常自卑，不利于孩子今后的可持续发展。

孩子的社会行为能力，是决定孩子上学早晚的一个重要方面。比如，一个5岁的聪明的孩子在学校里学习可能没有任何问题，但是因为他的交往能力比班里其他孩子弱，同学们不愿意跟他玩，可能就会导致孩子性格孤僻，出现心理方面的问题。

所以，如果孩子的综合能力尚未达到相应的入学要求而强行而为，就可能影响孩子身心的正常发展。因此，家长最好遵照科学规律，让孩子按照法定入学年龄入学，而不是拔苗助长，留下后患。

在入学前，家长应该培养孩子哪些方面的能力和习惯呢？

第一，专注力的培养。

上小学后，孩子的主要任务就是学习，如果孩子注意力不集中，就不能听清上课内容，记不住老师布置的作业，这样不利于孩子学习兴趣的培养。家长可以多和孩子做一些培养专注力的游戏，如看图找不同、夹珠子、手工编织等。家长还应该通过给孩子布置任务的形式，让孩子学会专心去做一件事情，培养孩子认真倾听和完成任务的意识。

第二，良好行为习惯的培养。

家长应该从小培养孩子认真做事不拖拉、尽快完成任务的意识和能力，并让孩子做力所能及的事情。比如，帮爸爸妈妈去取一样东西，家长说清楚东西的位置、形状，看孩子是否能按要求尽快完成任务。还要培养孩子良好的倾听和阅读习惯。在家庭中，家长要创设良好的阅读氛围。在孩子小的时候给孩子讲故事，孩子大一些以后让孩子自己看书，家长只给简单的提示和指导。孩子倾听和阅读时，家长切忌打断和干扰孩子的思维。家长还应该培养孩子有规律的作息时间，让孩子养成早睡早起的好习惯。此外，在培养孩子讲卫生、有礼貌方面，家长和教师也要以身作则，树立好的榜样。

第三，独立意识和能力的培养。

培养孩子的独立意识和能力是一项长期系统的工程，家长的责任是为孩子创造各种独立做事的条件，不当“拐杖”当“向导”，帮助孩子强化自我意识，激发孩子的主观能动性。在孩子小一点时，可以对他进行自我服务能力的培养；大一点时就要训练孩子自己拿主意，自己分析事情的优劣并做出正确判断。在幼儿园大班，教师也要有针对性地给孩子布置一定的“小作业”，比如“拿一本书来和小伙伴交流看”“明天带一辆小汽车上课用”等，不给家长下通知，看孩子能记住多少，以及是否有任务意识，这些都是培养孩子独立意识和能力的有效方法。

第四，社会交往能力的培养。

现在的孩子多是独生子女，从小没有小伙伴，缺乏和其他人交流分享的意识，甚至不知道怎样和小伙伴交往。比如，有的孩子会用捏别人的脸蛋来表示喜欢之情；有的孩子抢过别人的东西就玩，不知道征得别人的同意；还有的孩子不敢和别人交往，胆小懦弱。这些都是社会交往能力欠缺的表现。家长要想培养孩子的社会交往能力，就要多带孩子去接触小伙伴，在公众场合让孩子大胆表达自己的愿望，让孩子学会跟大多数人“求同”，学会谦让和礼貌，让孩子懂得小伙伴们正在玩什么游戏，以及应该怎样加入进去。孩子只有学会交往，才能融入集体，上小学才能顺利过渡。

34 幼小衔接班

我的孩子今年该上小学了，听以前上学的孩子家长讲，入学前老师都要对孩子进行考试，有英语、说话，还有20以上的加减法等，孩子在幼儿园里学的东西根本就不够，或者有的根本就没学过。如果考不好，会给老师留下不好的印象，影响孩子进校以后选班干部等事情。另外，他们班里也有几个孩子上大班后转园去上幼小衔接班了，所以我想让孩子上幼小衔接班，一是提前学点东西，再就是提前适应一下小学的生活节奏。可咨询某些老师，他们又说提前让孩子学习小学的东西不好，而且社会上的幼小衔接班和学前班五花八门，也不知道哪个正规一些，请求专家帮助。

同这位家长一样，很多家长在幼小衔接阶段存在这样几个方面的疑问，一是孩子上小学前的面试情况会不会影响孩子今后的发展；二是该不该让孩子上幼小衔接班；三是什么样的幼小衔接班有利于孩子的发展。

首先，需要说明的是，入学前小学对孩子进行面试的问题。我们咨询过部分小学教师，他们表示，面试是他们考察孩子基本习惯和现场学习能力的一种措施。通过交流，他们观察孩子的注意力、语言表达能力和交往能力等综合素质，掌握孩子的整体发展水平，为科学分班提供依据。不过，学校并没有把它作为衡量孩子的唯一标准。因此，家长担心孩子面试成绩不好，影响孩子上小学后的发展是没有必要的。

其次，重点谈一下幼小衔接班的问题。因为不少家长担心孩子“输在起跑线上”，纷纷将孩子送入各种各样的“幼小衔接班”，给孩子恶补小学知识。于是，为了迎合家长的这种从众心理，社会上就出现了许多高价收费和非法办学的“幼小衔接班”。家长会利用暑假时间或者提前一年把孩子送入幼小衔接班或学前班学习，于是就出现了幼儿园大班生源流失现象，而且越离培训机构或者是幼小衔接班近的幼儿园，生源流失现象越严重。对于这种现象，学前教育专家表示担忧。大连市教育局学前处有关人士认为，不少社会机构举办的幼小衔接班的主要课程是提前让孩子学习小学的文化课，而这种打乱正常幼小衔接程序的超前学习，很容易成为“夹生饭”。因为幼儿园的孩子学习小学课程的效果要比小学生差，而提前学习了小学课程后，这些孩子进入小学后又认为自己已经学过了而不认真学，导致学习习惯没有养成。特别是有些小学的学前班，为了拉生源，以能保证孩子上小学为由，使得许多家长纷纷转入他们的学前班。

有关专家指出，学前班是在幼儿教育比较落后的情况下，对幼儿园数量不足的一种辅助和补充，并非是比幼儿园高一级的教育形式。学前班教育不论是在管理模式上还是在教学形式上，都倾向于小学化模式，不符合孩子的认知规律。另外，一些幼小衔接班很不正规，教师也没系统地学过小学语文教育，就开始教孩子拼音、写字，不重视孩子写字姿势的培养，不重视写字笔顺的指导，到小学纠正起来就非常麻烦。而且，学前班也没有适合儿童写字使用的桌椅，而不正确的写字姿势会造成孩子视力衰退。我们调查过一些家长：有的家长说，学前班与一年级的教材很相似，孩子上学后对重复的东西不感兴趣，虽然学习不吃力，但养成了上课不专心、易走神的不良习惯；二年级的一位孩子妈妈说，她的孩子在学前班学过汉语拼音和千位以内的加减法，在一年级的第一学期，孩子常说："那些拼音都学过了，没兴趣。"在一年级养成的上课不认真听讲的坏习惯，后来花了很大力气才纠正过来。我们也与小学教师进行过相关问题的交流。小学教师表示，在低年级时上过幼小衔接班的孩子和没上过的孩子是存在差异的，但最多不过三年，孩子事先"储存"的知识用完后，没上过衔接班的孩子就会赶上来，并且学习得更加扎实，后劲更大。一般来说，在幼儿园里小班对孩子进行的是良好生活习惯的培养，中班进行的是良好品德行为习惯的培养，大班进行的是良好学习习惯的培养，重点培养孩子做事情不拖沓，养成快速完成任务的习惯。孩子把这些东西学会了之后上小学足够用了。多年的教育实践证明，我们幼儿园培养的孩子，在上学之后随着年级的升高能力越来越显现出来，多数孩子能力非常强，各方面成绩突出。幼儿园三年培养出来的良好习惯，让孩子终身受益。

家长应该怎样正确面对孩子的这个过渡时期呢？

第一，家长要了解孩子现在正处于何种状态。

一般来讲，从正规幼儿园毕业的孩子本身就受到了他们这个年纪该有的教育，好的幼儿园会提前给孩子做好"幼小衔接"工作。一般到了大班孩子毕业前的最后一个学期，幼儿园就会从孩子的上课时间、学习内容、行为习惯以及坐姿、记任务等方面做相应的调整，逐渐与小学接轨。比如教孩子认识时间，在课堂上教师会有意识地给孩子10分钟的自由时间，让他们感受课间10分钟的概念；大班的孩子如果发生矛盾，教师会引导他们自己解决，让他们能在人际交往中锻炼处理事情的能力。

教师还会组织孩子到小学进行参观体验，通过一系列的“幼小衔接”活动，让孩子了解到自己将要步入的小学生活是怎样的。

第二，家长要学习了解一些幼小衔接方面的知识。

家长可以通过幼儿园召开的大班幼儿家长会以及阅读幼小衔接方面的书籍，掌握孩子的心理和年龄特征，帮孩子做好从幼儿园向小学的过渡。因为“幼小衔接”并不是靠一两个月的努力就可以实现的，幼小衔接的教育是渗透在孩子生活中的。孩子的成长是一个循序渐进的过程，“幼小”的过渡只是一个形式上的转变，而对于孩子的教育是从小就要开始的，如果我们的孩子从小就形成了较好的心理素质，养成了良好的生活习惯，那么进入小学后，他们同样会在学习上表现得很棒。

另外，针对自己孩子的特点和不足之处，利用上学前的这几个星期，家长可以做一些工作：与孩子一起准备书包和文具，告诉孩子，怎样爱护文具，让文具成为自己学习的好帮手；教孩子写好自己的名字，以及怎样写得又快又漂亮；如果孩子要在学校吃中饭，教孩子自己好好吃饭，不挑食；让孩子学会大声地介绍自己和自己的家庭，在新的老师和同学面前展示一个自信的形象；让孩子学习快速记作业的方法，养成先完成作业再去做别的事情的习惯。

35 选择小学

我女儿就要上小学了，我家附近有一个小学，但是学校硬件和师资力量都不太好，孩子参加活动的机会较少。好处是离家比较近，孩子的爷爷奶奶能够帮忙接孩子，照顾孩子吃饭。而排名第一的实验一小呢，校园环境非常好，活动也很多，能够让孩子接受一些先进的教育，促使孩子全方面发展，可是离我们家挺远。上这个学校，中午只能让孩子去小饭桌吃饭，孩子挑食，又怕他吃不好；而且每个班的孩子还挺多，竞争比较激烈，我们还得需要托关系交择校费。唉，我现在感觉左右为难，怎么办才好呢，请专家帮忙指点一下。

孩子上学是一个家庭中的大事，它关系着孩子今后的发展，所以家长都非常慎重。许多家长想让孩子上名校，接受最好的教育，这种心情可以理解。但是如果非常困难，找关系不说，还要交大笔的择校费，其中的利弊家长一定要衡量好。

如何选择一所比较理想的小学呢？

第一，学校的师资力量要雄厚。

一个学校的师资力量强弱是办学质量好坏的关键，也是家长在为孩子选择学校时最需要考虑的因素。因为不管在哪个学校，遇到一个好老师是最重要的。好的老师负责任，对孩子教育全面细致，比较系统，能给孩子留下终身受益的东西。家长要了解学校师资方面的情况，可以多和在校学生的家长交流，增加了解。

第二，学校的硬件设施要达标。

要看这所学校所处的环境和基本设施如何，大家都知道“孟母三迁”的故事，孩子所在学校的环境和设施设备直接影响孩子的发展。现在办学都有基本的达标条件，如果一所学校连最基本的硬件设施都不达标的话，更无从谈让孩子接受优质教育的问题了。

第三，学校的办学理念要科学。

一个学校的办学理念决定着教师教育的方向。如果学校不给教师自主发展的空间，教师再有想法，再想创新都无法施展。孩子在小学其实就是打基础的阶段，重要的是给孩子实施全面的素质教育。虽然几乎每所学校都宣称自己实施的是“素质教育”，但某些学校真正推行的却仍是应试教育，导致孩子的负担很重。因此，了解学校的办学理念是至关重要的，要看看学校是否真正“以学生发展为本”。

第四，学校离家要近些。

在小学阶段，学校离家远近也是家长需要考虑的一个重要方面。有些家长为了给孩子选择一个好学校，不顾路途遥远，其实这对孩子并不好。如果每天孩子都比别人早起晚睡1～2小时，长此以往，孩子睡眠不足，会影响上课质量。再遇到天气不好的情况，孩子更会受罪。学校离家近可以解决很多后顾之忧，比如孩子学习时间更宽裕、老人帮助接孩子更方便、孩子稍大点自己就能上学放学，等等。

第五，学校的班额大小要适中。

班额大小直接影响孩子获得知识的途径。一般名校往往是班额较大，一个班很可能有几十个孩子，优势是教师授课水平比较高，可以保证优质的教师资源，但不足是老师做不到面面俱到，可能会使孩子上课时的学习效率、学习效果打些折扣。而普通小学一个班班额相对较小，虽然教师的知名度没有那么高，但是孩子回答问题的概率和被指导的机会相对较多，教师可以给孩子比较细致的辅导。

第六，小饭桌要安全合格。

现在大多数家长因为工作较忙，中午不可能接送孩子、给孩子做午饭，所以大多数家长选择让孩子在小饭桌吃饭。在选择小学时，考察小饭桌质量的好坏也是一个比较重要的方面。因为午餐是一天中非常关键的正餐，所以一定要选择好。低年级的孩子最好选择在学校里就餐，这样孩子中午不用出校门，还有老师照顾着，在学校里比较安全。在为高年级的孩子选择小饭桌时，首先要看小饭桌是否有营业执照，是否有开办资质。环境要卫生整洁，从业人员要有健康证，购买的食品和食谱制订都要合格。其次，要确保孩子安全。一般小饭桌的工作人员放学时都要到学校规定的地方去接孩子，上学时再把孩子送到规定地点，这样孩子来回路上的安全就得以保障。第三，要看对孩子的管理。有的小饭桌工作人员接回孩子后，组织有序，孩子安静进餐，吃完饭再去写作业。而有的小饭桌空间小、环境不好不说，而且孩子吃完饭乱跑乱吵，不利于孩子发展。

总之，为孩子选择一所适合的小学非常关键，请家长一定要全面权衡，做好考察和准备，让孩子能够顺利开心地进入自己喜欢的学校。

36 喜欢上学

我的孩子刚上一年级，一开始时，还是兴高采烈地去，可还没新鲜几天，早上再去学校的时候就开始找借口，要么说肚子疼，要么说头疼，总之就是磨磨蹭蹭的不想去，我们每天早上都像打仗一样，生拉硬拽地把他送到学校。但到了学校，遇到他不想上的课就又开始找借口，老师没办法只好把他留在教室里休息。可后来发现，等别的孩子去上课后，他一个人在教室里就跟没事一样又蹦又跳的，根本没病。为此，老师多次找我反映情况。唉，孩子不喜欢上学，还形成了说假话的毛病，这可怎么办呢？

孩子不喜欢上学的原因很多，家长要注意观察和分析：

（1）可能是不适应。孩子从时间和活动都相对宽松的幼儿园到一切要求比较严格的小学，不适应小学的快节奏和压力。

（2）可能是寂寞。孩子刚进入一个新的集体，在学校里还没有交到新朋友，如果交往能力再弱些，在学校里总是自己一个人，没有朋友和他玩，他会感到很难过，所以就会假装生病或者对上学有畏难情绪。

（3）可能被欺负或者受委屈了。要看孩子在学校里是不是被同学欺负了，还是有什么事情被同学或老师误解，受到委屈了，使得孩子害怕，不愿去学校。

（4）可能是学习上遇到困难。有些孩子由于上课不能集中精力听讲，对学习内容掌握不好，跟不上学习的进度，所以对学习有厌烦情绪。有些孩子可能是生理方面的原因，比如中枢神经系统功能异常，导致他们无论怎么努力，进步都很有限，加上家长和教师不予体谅，久而久之，自然抗拒学习。

（5）要观察孩子不愿意上学的时间是否有规律。看看是因为孩子不喜欢某一天里的课，还是因为不喜欢某一位教师。发现规律后与孩子交流，找出问题所在。

家长应该怎样让孩子喜欢上学，顺利度过这一适应期呢？

第一，在入学前，教师和家长应共同努力做好幼小衔接和适应工作。

幼儿园应有目的地延长孩子的上课时间，严格要求，逐渐与小学接轨。教师带领孩子参观小学，介绍学校的文化，说明学习给孩子带来的帮助和好处，激发孩子上学的愿望。在家里，家长应该按照小学的作息时间和学习习惯逐渐要求和培养孩子，尽量避免孩子上学不适应的现象出现。

第二，教给孩子交往的技巧。

鼓励孩子大胆与同学、老师及其他人交往。成人应多为孩子创造与他人互动的机会。比如，让孩子帮助老师发本子，或者外出就餐时让孩子练习点菜，向服务员提出自己的要求，和同学、小伙伴聊聊大家共同关心的游戏、动画片等，这些都能锻炼孩子的交往能力，让孩子在任何场合就都不会感到寂寞、害怕。

第三，培养孩子的独立意识和积极的生活态度。

鼓励孩子遇到问题自己要主动去想办法解决，不要总依靠家长，让孩子体验自己解决问题的快乐，增强自信。笔者朋友的孩子中班以前就非常懒，什么事情都不想自己动手，比如喝奶，他就会说：“妈妈，喝奶。”笔者的朋友说：“你喝吧。”“我打不开，你帮我。”“你自己想办法。”一开始，他宁愿不喝也不去想办法打开，后来，禁不住牛奶的诱惑，一看妈妈真不帮助他了，他也就想办法去自己打开了。第一次他自己打开时，妈妈大加赞扬：“哎哟，宝宝你太了不起了，自己能想办法打开牛奶，这么硬的纸盒你能剪动，真是太棒了。”经过第一次的表扬，他体验到了自己劳动的快乐和表扬带来的自信，以后，遇到其他事情他就愿意自己去做了，自理能力和独立意识逐渐增强。

第四，多鼓励孩子，不要太注重学习成绩。

只要孩子尽了力，即使考试成绩不好，也不应苛责。如果家长要求过高，只会给孩子增加心理压力，增加孩子的焦虑情绪。要给孩子创设轻松的学习氛围，多与孩子聊天交流，了解孩子的心理发展状况，随时调节他们的情绪，使孩子感到学习是一件快乐的事情。特别是对于学习有障碍的孩子，家长不要盲目地抱怨或打骂，要通过治疗或者干预帮助他们找到解决的办法。

第五，以身作则，给孩子创设一个安静的学习环境。

孩子学习时，家长可以在一边看书或者做其他安静的事情，不要去看电视或玩电脑，分散孩子注意力，造成孩子心理不平衡。家长的心情直接影响到孩子的学习情绪，因此，在帮助孩子学习时，家长一定要保持心情愉快，这种情绪会让孩子感觉到学习本身就是一件愉快的事情。

第六，与学校形成合力。

家长应多与老师沟通交流，了解孩子在学校的表现，向老师说明孩子的个性，增进彼此的了解，寻找适合孩子学习的有效方法。

37 交新朋友

我的孩子今年该上小学了，一想到又要进入一个陌生的环境，又需要重新结交新朋友，我就替孩子担心。回想起孩子刚上幼儿园时，因为没有朋友和他玩，他非常难过。孩子性格比较内向，在结交朋友方面存在一定的困难，我应该怎样让他去交更多的朋友，长大以后才不会孤单呢？

孩子刚进入一个新的集体，是需要一定的时间去适应的。家长先不用为孩子过分担心，否则会给孩子一种心理暗示，即“我就是不容易交朋友，没有人愿意跟我玩”，导致孩子形成自我封闭的状态。家长最需要的是了解孩子的性格，观察并发现孩子的需求，然后共同探讨解决问题的办法。

具体来说，家长应该从以下几方面着手：

第一，了解孩子的性格，发现问题所在。

一般孩子交不到朋友是因为性格内向造成的，家长要分析造成孩子性格内向的原因是什么。有的是因为家长工作忙没有时间陪孩子，把孩子扔在家里一个人玩或者由老人看管，与孩子交流的少，造成了孩子性格内向、不合群。这样的孩子渴望与小伙伴玩，但他不知道方法，不知道怎样去和小伙伴相处。还有的孩子交不到朋友是因为太强势，凡事都要自己说了算，霸道蛮横，使得其他小伙伴和他玩时得不到尊重，所以大家不愿意跟他玩。还有的孩子是因为比较自傲清高，觉得小伙伴玩的游戏脏，不好玩，太幼稚，所以不愿意和他们玩。这就需要家长认真分析原因，发现问题所在，然后有针对性地培养孩子的社会交往能力。美国心理学家卡耐基认为，人们要在未来社会获得成功，需要30%的才能加上70%的人际协调能力。因此，要想让孩子在越来越开放的、强调团队意识与合作精神的社会中立于不败之地，就应从小多为孩子创造和同龄人交往的机会，即让孩子在孩子中间长大，并教给他一些基本的交际技能，使之早日学会自己解决遇到的难题。

第二，让孩子从多和家人沟通做起。

家长应该多抽出时间陪孩子，和孩子进行平等的交流。内向的孩子内心一定有某些恐惧不敢去面对，家长要创造宽松温馨的氛围，让孩子放松心理，先做到跟家人能很好地沟通。可以从让孩子跟家人大声说话做起，说话时让他试着看着对方的眼睛，家长要善于从孩子的眼神中发现孩子内心的恐惧所在，并帮助他，让他内心有安全感，再引导他直面恐惧，克服恐惧。要采用赏识教育，及时表扬、鼓励孩子的点滴进步，让孩子相信自己能行，家长能帮助他解决烦恼，这样孩子才可能打开内心的结，愿意与他人沟通。大禹治水，在疏不在堵。家长是孩子最信赖的人，是引导孩子跨越困难最有力的人。

第三，培养孩子的兴趣，帮助其建立自信。

友谊是建立在共同兴趣的基础之上的，如果孩子朋友不多，那么就从培养他的广泛兴趣入手。玩是孩子的本性，能玩出花样的孩子往往能吸引小朋友跟自己玩，孩子因此有了自信心，也为他结识新朋友提供了机会，并容易让他成为“孩子王”。而共同的兴趣又常常能把几个孩子聚合在一起，使孩子的交往能力在玩的过程中得到锻炼。这就需要家长帮助孩子来玩，给他指点，让他玩出花样，玩出智慧和自信。这样，孩子看到别的小朋友玩什么，也愿意主动参与进来，交往就变得轻松多了。此外，还可以培养孩子其他方面的特长。在参加朋友聚会或者学校活动时，孩子可以展示自己擅长的项目和才华，这样会更加容易被其他小伙伴接纳。

第四，尽量创造条件让孩子多和小伙伴玩耍。

孩子并不是自然而然就能交到朋友的，现在的孩子多是独生子女，回到家里通常都是自己一个人。因此，家长要为孩子交友牵线搭桥。比如，多和邻居打交道，多邀请邻居家的小朋友到家里玩耍；多带孩子去家附近的公园玩耍；多和亲戚中有同龄小孩的家庭交往，等等。在此过程中，即便是自己的孩子吃点亏、受点委屈也是值得的。交往的过程通常是不可能百分百愉快的，但这对孩子来说却是很好的学习机会，孩子之间相处时发生的问题最能促使其心智成熟。这一点家长必须清楚。当孩子之间发生冲突时，只要没有危险，家长要说服自己做个旁观者，让孩子在相互争吵中明白游戏规则、慢慢学会解决问题，因为吵架也是发展孩子智力、锻炼孩子能力的途径之一。当然，事先或事后家长可提示给孩子一些处理矛盾的方法，以便他在遇到同类事情时能做到游刃有余。家长也可以利用一些聚会的机会，比如孩子生日或者学校活动，邀请班上其他孩子到家中和自己的孩子一起玩，这样也会让其他同学进一步认识、走近你的孩子，缩短孩子间的心理距离。

第五，尊重孩子的性格，让他自己选择朋友。

家长一般都希望孩子交上品学兼优的朋友，但事实上孩子并不懂分辨。家长不应该强行让孩子断绝和有不良行为习惯的小朋友间的交往，而是应该引导孩子，让孩子自己分辨哪种友谊可取，哪种友谊不可取。比如，如果孩子有个朋友喜欢和人争辩，生活习惯也不好，到别人家里玩不经允许就到厨房里拿东西吃，还到处乱翻东西。家长可以向孩子提出自己的见解，但绝不强求孩子停止和这位朋友来往。很快在接触中孩子会亲身感到这位朋友蛮横、粗俗，就不再愿意来往了。不要强迫孩子和不喜欢的小伙伴玩，但可以教育孩子多观察一些别的小伙伴的优点，让他学会欣赏他人。

第六，家长以身示范，教给孩子交朋友的规则。

家长要记住好朋友的生日并安排和朋友聚会，以自己的言行告诉孩子应该如何和朋友建立友谊，孩子会从家长和朋友的交往中学到很多东西。比如，对人要有礼貌，见到认识的朋友主动打招呼；想加入别人的游戏或谈话中要先说“对不起，请打断一下……”，以示对人家的尊重；做什么事都要讲个先来后到，要依次进行。这样长此以往，孩子就会知道怎样去交朋友。和小朋友一起玩的时候，要知道商量，不能什么事情都自己说了算；不是自己的东西不能随便动；玩别人的玩具之前，一定要征得玩具主人的同意，得到允许后才能玩。孩子都愿意当赢家，但有赢就有输。要让孩子明白：遵守游戏规则，不能耍赖；平和地对待输赢，赢了不骄傲，把自己的本领教给小朋友；输了找到原因，知道下次应该怎么做，不可嫉妒别人。

引导孩子玩合作性游戏，让孩子明白一两个人的力量是有限的，发挥集体智慧共同完成一件事情的效果往往比单枪匹马要好得多。比如玩“填色游戏”，成人在一张大纸上勾勒出春天或秋天的景象，有树木、花草、小动物、小房子等，让几个3岁的孩子分别给它们涂上自己喜欢的颜色，一幅大型的画就合作完成了。孩子稍大一些，可以由教师或家长给出一个主题，让他们自己构思、想象，独立完成。这既有益于孩子的想象力和创造力的发展，也有助于孩子之间交往能力的发展。

让孩子学会宽容和忍让。俗话说“吃亏是福”，厚道的孩子总有“傻”人缘，而不愿意交友的孩子多数情况下是以自己为中心的，不懂得考虑他人的感受。家长应提醒孩子和小伙伴说话要多用商量、委婉的语气，避免出口伤人。比如尽量不说“你真坏”“你怎么这么笨呀”一类的话，懂得尊重、体谅小伙伴，这才能结交更多的朋友。好朋友之间发生争吵也是难免的，即便是自己的孩子受了委屈，家长也不要“强化”，而是教孩子如何让对方向自己道歉，并原谅对方；如果是自己孩子错了，要让他主动向小朋友赔礼，让二人和好如初。

38 起外号

丹丹上小学一年级，特别喜欢小熊。衣服、口杯套、铅笔盒、毛绒玩具，就连送同学的礼物，她也挑小熊的图案，又因为她性格很开朗，同学就开始喊她“快乐小熊”，她觉得这个外号还挺可爱。可最近她有些苦恼，班里几个调皮的男生开始叫她“大狗熊”。丹丹在班里是班长，她说，这个外号让她在同学中没有了威信，她感到有些郁闷。一向非常愿意上学的她有时都不愿意去学校，听到同学叫她的外号就心烦。这可怎么办呢？

在小学校园中，这种互相起外号的现象非常普遍，比如“瘦猴”“花仙子”“小邋遢”“鼻涕大王”……学生起的外号五花八门。一般小孩子给别人取外号，是出于好玩的心理，体现了小学阶段孩子们的特点：好奇心强、富有想象力。据调查发现，几乎每个学生都有外号，有的孩子甚至有三四个。我们注意到，小学生们很有想象力，他们起的外号有的是抓住了人物的外貌特征，有的是根据对象的性格特点起的，当然也有的是胡编乱造。比如，一个平时不关心同学和班集体的学生被大家叫作“木乃伊”，一个长相有点黑、头型像蘑菇的学生被叫作“丐帮小蘑菇”，一个戴着眼镜、一脸书生气的男生被叫作“小博士”……一位小学班主任表示，小孩子相互起外号，体现出他们天真、富有好奇心和想象力的年龄特质，教师通常不会特意去干预。甚至对于某些善意的外号还要保护，因为它们体现了同学们对某位同学的喜爱。比如，“快乐的小熊”“聪明兔”等。其实外号就像是我们的网络昵称，没什么大不了的！

然而，有些外号，周围人叫得多了，会给小孩子带来心理压力，容易让其感到“我被人笑话”“大家都看不起我”等，进而产生自卑、自闭等心理问题，影响他们的学习。

对于这样的外号，家长要教自己的孩子学会用有效的方法去应对：

第一，调整好心态，漠然处之。

家长要告诉孩子：如果有同学叫你外号，你就坚决不予理睬，当作没听见。只有同学叫你名字时，才热心地、高兴地做出回应。如果叫外号的人问你为什么不予理睬，你就理直气壮地说：“请叫我名字！”时间一长，叫你外号的孩子觉得自讨没趣，就不再叫了，外号就会渐渐消失。同时，家长要教孩子调整好心态，不要太在意。因为你有外号，别人也有。让他们去叫好了，对自己又不会造成什么损失。你越在意越生气，别人就越喜欢叫。相反，如果你始终没有反应，不把它当一回事，他们觉得没意思，就渐渐没了兴趣，不再这样叫你了。

第二，请教师协调解决，正确疏导。

家长可以给教师提建议，让教师在班里进行正面引导。比如，教师可以开一个关于“优秀外号”的主题班会，让同学们针对每位同学的优点取外号。这样既可以满足孩子取外号的欲望，又能让大家发现每个人的优点，充分想象。

第三，积极疏导，帮助孩子形成健康心理。

对于起外号的现象，成人不能堵，只能疏导。家长和教师要为孩子搭建自由讨论的平台，要摆脱高高在上的家长架子，放下做教师的威严，走到孩子身边，倾听他们的心声，及时纠正起外号的不良倾向，使他们逐步形成健康的心理，为孩子的全面健康成长奠定基础。

有这样一个案例，是一位妈妈写的：

女儿刚刚离开幼儿园，走进了学前班的新环境。我格外关注孩子这段时间的情绪。今天接宝贝回家时，女儿的小脸满是愁云，我关心地问："发生什么事了？跟妈妈说说。"女儿哭着说："有小朋友给我起外号，叫我'西瓜'！"我听了，微笑着说："西瓜怎么了？妈妈就喜欢西瓜，夏天的时候吃西瓜最能解暑了！你就是妈妈夏天的小西瓜！"几句话说得女儿破涕为笑！

晚上睡觉前，我有意识地和孩子谈起了关于起外号的问题。我说："小朋友叫你'西瓜'，并不是给你起外号，只是个爱称，就是很喜欢你的意思，因为你的名字里有个溪字啊！""妈妈，那明天您教我写小溪的溪！"(因为孩子小，我一直把"溪溪"写成"西西")"好啊！再说了，妈妈就很喜欢叫你小西瓜，你还是妈妈的小钱包，冬天还是妈妈的小火炉！好不好？"女儿被说得兴高采烈，高兴得一边在床上跳，一边大声喊："噢，我是妈妈的小西瓜，我是妈妈的小钱包，我是妈妈的小火炉……"我又提醒女儿："不过啊，有的小朋友给别人起很难听的外号，或者看人家的缺点给人起外号，那样就不好了，就没礼貌了！那样被起外号的小朋友该多伤心啊！""对，我们班亮亮就没礼貌，他叫多多'胖墩儿'！""是啊，多多多伤心啊！你可以安慰一下多多，告诉他，不要生气，你越生气，别人越叫，你不理他们，他们觉得没意思了，就不叫了！"女儿点点头。

案例中最可贵的是，妈妈面对这件事情的态度：启发孩子从另一个角度去想、看待起外号的事情。这样的态度，能够帮助孩子正确处理生活中的小“危机”，尤其在今后遇到同样事情的时候，能够让孩子保持一种积极、乐观的态度，一种坦然、愉快的应对“危机”的心态。

同时，案例中的妈妈是个很细心、很负责任的妈妈，能够关注到孩子在特殊时期的特殊需要，和孩子保持一种轻松的沟通状态，在遇到问题时能察觉到孩子的内心感受，关注孩子的情绪，教给孩子与同伴交往的正确方法，让孩子学会尊重别人，友好地与他人交往，这对于孩子很快地适应新环境起到了非常重要的支持作用！

这是一位智慧的、富有爱心和童心的妈妈，值得许多的家长和教师学习！

39 欺负

我的小外甥上小学一年级，在班里个子倒不矮，但属他年龄小，所以常被他们班其他小朋友欺负。每天上学时带的铅笔、橡皮、铅笔刀，到放学后就没有了，问他怎么回事也不说，问其他小朋友才知道，在学校经常有两三个同班同学欺负他，跟他要东西，要是不给就说要打他。他有时去找老师，但由于孩子性子慢，表达能力又不强，所以很多时候被同学抢白反过来诬告是他欺负人，老师有时候能帮他，有时候却听信其他同学的话，批评他一顿。我很担心孩子因此心灵受到伤害，学习受到影响。我应该怎样帮助孩子多交些朋友，少被欺负呢？

孩子们之间经常有相互“欺负”的行为。家长需要对孩子之间出现的“欺负”行为冷静观察，仔细分析，因为在我们成人看来的“欺负”行为，在孩子那里或许并不是什么问题。我们经常会看到这样的现象，小孩子追着大孩子玩，大孩子根本就不屑理他们，把他们丢得老远，但他们还是乐此不疲地追着。我们大人觉得小孩子很“可怜”，被大孩子“欺负”了，可小孩子本身并不觉得，反而把它当成一种乐趣。

面对欺负行为，家长需要做哪些事呢？

第一，了解欺负的表现。

（1）欺负人的孩子的表现：轻者是给别人起外号，嘲笑、排斥别人，不跟别人玩；重者表现为跟别人要东西，恐吓、威逼别人，甚至还动手打人。这样的孩子要么是在家里霸道惯了，家里管不了；要么就是班干部，被老师宠坏了，感觉自己有某些特权，很了不起；要么就是自制能力差，在家里受压抑出来撒气的。

（2）受欺负的孩子的表现：没有固定的朋友，在班里没有威信、没有主见（小跟班式的），是同学们的出气筒。一般这样的孩子是班里成绩比较差的、经常被老师批评的对象。此外，不讲卫生、拿别人东西的、爱撒谎的孩子也会被其他小朋友欺负。

第二，对被欺负的孩子进行疏导。

（1）要教育孩子，敢于表达自己的不满。当被其他同学欺负时，要敢于用语言表示自己的态度，制止对方的侵犯。孩子们的一些欺负行为往往是为了取乐，如果看到被欺负的人如此“坚强”，一般会很无趣地走开。

（2）让孩子学会适当的行为反击。因为有时候，受欺负的孩子表现出一些勇敢的反击行为，也能让其他孩子停止欺负行为。

（3）培养孩子有一定的心理承受能力。如果从小让孩子在逆境中接受锻炼，有助于他的社会适应能力的发展。所以，只要孩子没有表现出强烈的反感或郁闷心情，表现正常，家长就不必担心，只需引导孩子正确面对即可。

第三，对欺负者的行为进行干预。

一般情况下，我们只是关注被欺负的孩子的感受，很少去关心欺负者，但如果对他们的关注不够，也不利于他们的发展。因为很多时候，孩子的欺负行为是无意识的，但当孩子在无意地欺负了别人后，如果没有人制止他，被欺负的孩子也没有强烈反抗，他就会觉得欺负人很有成就感，从欺负行为中得到满足，进而助长他的嚣张气焰，导致他以后有意欺负行为的增多。久而久之，这种不良的行为习惯就会形成一种稳定的人格特征。因此，家长和教师要关注欺负人的孩子，帮助他们改变不良的行为方式，消除其欺负行为。

（1）从教师的角度来说：教师是对欺负者的行为进行干预的主要力量，他们有必要掌握一些策略来帮助欺负者消除欺负行为。下面介绍一些教师应采用的具体策略。

- 与欺负者谈话，了解其欺负他人的动机和原因，然后根据具体情况对他进行有针对性的教育。同时，也要让欺负者确切地知道教师自身是反对欺负行为的，他的欺负行为是不被接受的，他必须改掉自己的欺负行为。
- 开展一些关于欺负行为的教育活动，让他明白什么样的行为是欺负行为以及欺负行为的危害。比如，可以进行“角色扮演”活动，让处于欺负者地位的学生，扮演受欺负者的角色。在活动中，让其体会自己的欺负行为给他人造成的伤害。最终，从本质上改变幼儿对欺负行为的认识、
- 引导孩子学会控制自己的情绪，让他学会用正确的方式表达自己的情绪、情感。比如，可以在教室里建一个“发泄角”，让孩子对着沙袋、软包装玩具进行发泄。还可以通过帮助孩子提高他的学习成绩，让其发现自己身上的优点，进而提高自信、改正不良行为。
- 教师要加强对欺负者的监控，及时处理欺负事件。欺负行为通常发生在一些缺乏监管的场所，如走廊、操场等。因此，在课外时间，教

师要常到走廊及操场走动，注意欺负者的行为，一旦发现欺负行为，要及时制止。必要时，教师可以对欺负者实施恰当的处罚。但注意在进行言语批评时，不要羞辱和讽刺欺负者，而是就事论事地进行教育。

- 与欺负者的家长保持联系，共同关注欺负者的行为。教师要积极地和欺负者的家长沟通，共同关注欺负者的变化。

（2）从家长的角度来说：虽然教师是对欺负者的欺负行为进行干预的主要力量，但是欺负者的家长也能起到相应的作用。下面介绍一些家长应采用的具体策略。

- 家长自己要明确欺负他人对孩子的不良影响，要为孩子树立良好的榜样，不要出现粗暴的行为。
- 和孩子交谈，让他明白你对他欺负他人的行为的态度，并帮助他分析欺负他人的危害（对他人、对自己）。
- 对孩子的欺负行为要给予一定的教育和惩罚。但是注意不要采取体罚和威胁等措施。同时，要表扬孩子的友好行为以及他为消除欺负行为所做的努力。
- 不让孩子观看暴力场面多的电影，包括卡通片。同时，也不要让孩子看到家庭中的暴力行为，包括家长以及亲友之间的暴力行为。暴力电影和家庭中的暴力行为会给孩子带来不良影响，给他树立消极的榜样。
- 加强对孩子行为的监控。制定一些规则，限制他和同伴们的活动，避免一些欺负情境的产生。比如，给孩子们提供足够的玩具以及宽敞的游戏场所。
- 和学校联合起来，一起关注孩子的行为。经常和教师联系，以了解孩子的行为，必要时从教师那里得到相应的帮助。

40 竞争

我一个朋友的女儿刚上小学一年级，就出现了严重失眠问题，凌晨三四点钟就睡不着了，原因是学校评“小红花”，竞争很激烈，她老担心自己评不上。原来，我们认为只有压力大、身体不好的成人才会出现失眠问题，没想到这么小的孩子也会因为竞争而失眠，真是令做家长的担心啊。孩子会不会因此而受到伤害，会不会出现其他方面的问题呢？我们做家长的应该怎么办呢？

评“小红花”“小五角星”，是教师激励孩子进步的常见方法，对于大多数孩子来讲能起到正面的引导和促进作用。孩子个性要强，想被评为“小红花”“小五角星”是件好事，但是过于看重和在乎，还因此影响到正常的生活状态，就需要成人进行疏导了。竞争本身是个中性词，对人具有健康向上的积极作用的竞争是良性竞争，使人变得自私、狭隘、妒忌、躲避、退缩的是恶性竞争。案例中的这位小姑娘老担心自己输了会被别人笑话，觉得就应该自己最好，自己比别人强，这就是恶性竞争的一种表现，对孩子具有消极的影响。

输不起的孩子常常有这样的表现：

（1）生闷气：当自己正在做的一件事情完不成时，就会很生气，大发脾气，表示再也不愿干这件事情了。比如：老师请小朋友进行拍球比赛，小雨刚拍了两下球就跑了，看到其他小朋友都拍得很好，她就气得噘着嘴不拍了。小朋友帮她把球拣过来，她还是不拍，老师来劝也没用。小雨平常就是这样，总是跟自己过不去，稍微有点不顺心就生气。

（2）爱说谎：如果某件事情让自己不满意或达不到自己的要求，就说不符合实际的话来发泄。比如：排练节目没让涵涵当排头，她就跟妈妈说："今天老师狠狠地批评了我。"她想要和好朋友坐在一起，老师没同意，让她坐在自己的位置上，她就告诉妈妈："老师不让我和好朋友玩，让我坐在一边。"于是妈妈常为此类谎话去和老师"沟通"，把老师弄得哭笑不得。

（3）好攻击：当觉得自己不如别人时，就用武力来解决问题。比如：瑞瑞在班里比较调皮，老师请一个比较文静的小朋友和他挨着坐，如果发现他说话或不遵守纪律就告诉老师。结果后来，这个小姑娘只要告了状，他就打人家，把小姑娘吓得不敢再和他挨着坐。

（4）两面派：有的孩子因为在外面竞争不过别人，表现得比较老实，可一回到家，就大发脾气。什么事都得顺着他，否则他就乱打、乱砸。时间久了就成了两面派。有的孩子是在爸爸妈妈面前表现很乖，在爷爷奶奶面前尽情撒泼，故意捣乱。

（5）逃避：遇到自己不喜欢做的事或者不愿意见的人，就找理由逃避。佳佳妈妈发现，一到星期三，佳佳就闹着不想上幼儿园，妈妈问她为什么，她也不说，妈妈问老师，老师也说不清楚。后来，佳佳总算说出了心里话，她不想上幼儿园的真正原因是周三吃肉卷，是她最不愿意吃的饭。

总之，输不起的孩子要么情绪低落、心里痛苦、态度气恼，要么性格不可爱。现在激烈的社会竞争，绝不仅仅是知识和才华的较量，而更多的则是意志和毅力的较量，是价值观和人生观的较量。如果没有良好的性格和心理品质，是不可能在激烈的竞争中健康、快乐成长的。有很多孩子面对越来越复杂的竞争环境，短时间内不能调整自我意识及思想观念，就会形成应对竞争挑战的畏惧心理。长此以往，就会出现心理问题。

所以说，培养孩子的情商、健康的人格比培养智商更重要。家长既要引导强势的孩子形成正确的"竞争观"，也要能细心、耐心、充满爱心地引导弱势的孩子克服"竞争恐惧"的心理，慢慢地提高孩子"竞争的技巧和正确面对竞争的方法"，逐渐培养孩子形成正确的竞争意识！

此外，家长的言传身教也非常重要！如果家长面对竞争的态度是积极向上的，想办法创造条件去公平竞争，那么它带给孩子的是一种正面的竞争意识。孩子面对竞争的态度肯定也是积极向上的。如果家长的思想观点不正确，很可能会把孩子引入不正当竞争的轨道。这对孩子上学、工作、生活都会有不良影响。

因此，家长要给孩子树立正面的榜样，让孩子的身心在和谐的心理环境和客观环境中健康茁壮地成长。

41 怕老师

我的儿子上小学一年级，刚开始去学校时兴高采烈，充满了好奇。但是这段时间却老是说不愿去上学，问原因也不说。后来听别的同学说才知道是因为有一次，儿子的数学作业写得不好被老师撕掉了，所以从那开始他就害怕交数学作业，老担心做不好就会被老师撕掉，被老师骂，所以就不愿意再去上学了。我们只能硬把他送去上学，如果这一天在学校没挨批评，他回家就会很高兴，可第二天早晨还是闹着不愿意去，我们也没有办法。到现在都快一个月了，情况还是依旧，他从心底就是不愿意去上学。我们怎么引导才能让他重新恢复到正常的状态呢？真怕他心理出现大的问题。

孩子怕老师肯定是有原因的，这位妈妈知道孩子怕老师的原因是从别的孩子口中得知的，建议这位妈妈再和孩子好好聊聊，看一看是否还有其他原因。如果确定就是因为孩子怕老师给他撕作业，那就找到问题的根源了。俗话说，“解铃还须系铃人。”一方面，家长要给孩子分析老师这样做的目的是什么，让孩子知道老师的初衷是好的，只是做法欠妥当。另一方面，家长应该向老师反映一下这个问题，让老师意识到这个问题的严重性，然后采取有效措施进行补救。如果是比较负责任的老师，肯定会为自己的行为感到懊悔，给孩子道歉，然后通过多种方式鼓励孩子，拉近与孩子的距离，让孩子不再惧怕自己。同时，家长也要多关注孩子，回家后及时和孩子沟通，了解孩子在学校的情况，及时对孩子进行表扬和鼓励，然后双方共同努力来解决孩子的心理问题。

具体来讲，家长应怎样做呢？

第一，创设宽松的表达氛围，了解孩子怕老师的原因。

有的孩子看到老师批评别的小朋友，态度那么严厉，就会联系到自己身上，以为是在说自己，所以产生畏惧心理；还有的孩子是学习成绩不太好，怕老师提问自己，自己回答不上来挨批评。不管是什么原因，家长首先要给孩子创造一种宽松的、自由发表意见的心理氛围，使孩子讲清楚老师批评自己的原因以及对自己的态度和自己接受批评时的心情。家长一方面要认真听取孩子对事情的全部经过的陈述，以及孩子对老师批评和处理意见的看法。另一方面要冷静分析孩子产生抵触心理的主要原因，并采取适宜的方法予以解决。如果是属于孩子的认识偏激或行为错误，家长要积极引导；如果是属于教师处理问题时存在片面性或失误，家长要积极主动地与教师交换意见，帮助教师弥补教育过程中的疏忽和过失，以消除孩子的抵触心理，从而达到真正教育孩子的目的。

第二，要让孩子懂得换位思考。

家长要让孩子学会站在他人的角度考虑问题和处理问题，并创造情境让孩子亲身体会老师的难处，在这个过程中改善师生间的关系，减轻或避免孩子对老师的抵触情绪。切忌：在没搞清事实真相之前就简单粗暴地批评孩子或对老师表示不满，因为这样做既不能使孩子从中受到教育，也不能缓解师生间的矛盾，还增强了孩子对老师的抵触情绪，会对孩子的人格形成产生极大的负面影响。

第三，帮助孩子对学习产生浓厚兴趣。

孩子只有对学习感兴趣了，才能提高学习效率，才能在上课时积极地回答问题，按时完成作业，才能得到老师的表扬和鼓励，才会对学习充满信心，不用再担心被老师批评，也就不会产生害怕老师的情绪了。家长要尽可能避免孩子由于对老师的抵触情绪而产生不愉快的学习体验。同时，要让孩子懂得，对老师有意见就应该向老师提出来，最好是在事后找老师谈心，说明实情，消除误会。这样才会消除和老师之间的隔阂。

第四，和教师加强沟通。

家长要请教师从生活上、学习上多给孩子关心和鼓励，让孩子体会到教师对自己的关注。教师一个关切的眼神、一句鼓励的话语，都足以使孩子高兴好几天，甚至有的时候一句话都能使孩子受益终生。

从教师这方面来讲，一定要检讨自己的行为，分析为什么孩子怕自己。大部分教师是出于负责任的态度严格要求孩子，导致孩子怕他们。当然也不可否认，有的教师是因为师德问题，心中对孩子不热爱，出现侮辱、打骂孩子的现象。所以，教师一定要注意自己的言行，用正面的教育方式去引导孩子，树立教师教书育人、为人师表的正面形象。教师既然选择了教育事业，就应该有职业精神，就应该让孩子在自己的关注下快乐健康地成长。

42 孩子与班集体

我儿子刚上一年级，这几天回来一直闷闷不乐的，我问了好长时间他才说："班主任老师为了让同学们互相监督，告诉我们谁做得不好其他同学就可以告诉老师。有的同学为了讨好老师，什么事都告诉老师，真烦人。更可气的是有一次，我和一个同学拐弯时不小心碰在了一起，本来两个人互相道歉后已经没事了，可被旁边的一个同学看见了，非告诉老师说是我们俩互相打闹碰了，让老师批评了我们两个一顿。现在同学们之间都互相不敢乱说话，你看着我我看着你的，真累呀。"我听了也为孩子们担心，这和社会上的钩心斗角有什么两样啊。孩子整天这样没完没了地告状，还有心思在学习上吗？但我的想法又不好跟老师去说，这可怎么办呢？

听了这位妈妈的话，我感到很惊讶，教师在低年级这样做显然不合适。它容易让这些辨别是非能力还不强的孩子扭曲了教师原本的意思，让这么小的孩子就得去面对复杂的人际关系，这对孩子集体主义观念培养不利。孩子们在一个班集体中只想着怎样去找别人的毛病向老师打小报告，怎么利于班级工作的开展？怎么利于孩子健康人格的培养？怎么让孩子集中精力去学习呢？

这位妈妈既然发现了问题，就有义务通过一定的方式将这种做法的不利因素告诉教师。如果不愿意和教师面对面交流，可以通过纸条、留言、网络沟通等形式向老师反映。相信班主任老师知道家长的做法是出于对孩子的关心，对班级有利，一定会感谢家长的。试着换位想想孩子们的心理（不要用大人的心态），家长就会发现，其实他们之间根本谈不上什么钩心斗角，互相提防，只不过是对老师的话为令是从罢了。他们的心里会认为只要自己对别人的监督有了结果（打小报告）老师就会喜欢自己、表扬自己……仅此而已！

这个事例反映了教师教育观念的问题。教师不仅要教孩子学习知识，更重要的是教孩子做人。不知道大家是否听说个这样的事：

有个小学宣扬拾金不昧的精神，要同学们把所捡到的东西交公（即交给班主任），每个班都有一个小本去记录那些拾金不昧学生的名字，到了月底老师会做一次总结，表扬他们所做的“好人好事”。一开始一些孩子真的是有捡到铅笔、橡皮（旧）、一角五角钱之类的东西去交给老师，并得到了老师的表扬。那些没有得到表扬的孩子就沉不住气了，不行啊，自己不被老师表扬，多没面子啊。于是就纷纷效仿，没有那么多东西可捡怎么办，他们就把新的铅笔、橡皮交上来了，有的甚至说自己捡了10元钱，整个班里“拾金不昧”行为越来越多！教师经调查了解后才知道，原来大部分学生交上来的东西并不是自己捡到的，而是有条件的孩子将自己的东西捐了，没条件的孩子为了做到“拾金不昧”，想方设法地去偷东西捐！

为了得到老师的表扬，孩子宁愿去捏造事实甚至做些不光彩的事，可见在小学生的心目中老师就是他们的“皇帝”，就是他们的“神”！如果当时教师在宣扬好人好事、拾金不昧之前能够充分考虑到这种行为可能会带给学生的负面影响而加以约束的话，就不会发生上面的事了。

家长和教师如何帮助孩子正确地处理他们与班集体的关系呢？

第一，培养孩子们的集体意识。

在班集体中，成人的首要任务就是培养孩子们的集体意识。通过各种事例的教育引导，让孩子觉得自己的班就像一个大家庭一样，每个人都是这个大家庭中的一员。大家只有热爱它，维护它，愿意为集体做事，这个“家庭”才能更好。

第二，通过各种活动凝聚集体力量。

当孩子们初步懂得了个人和集体的关系后，成人就要通过各种活动，培养每个孩子为集体做事情的责任感，逐步帮助孩子养成喜爱集体生活的情感。比如，借助学校开展运动会、各种比赛的机会，让大家积极献计献策。对于谁参加比赛最能为班级增光，谁作为服务者能更有效地保障活动的顺利开展等任务的分工，教师要调度好，让他们为班级活动做出自己的贡献。

第三，形成正确的集体舆论。

正确的舆论风气是形成班集体的一种力量，健康的风气越盛，班集体越有凝聚力。那么，正确的集体舆论是怎样形成的呢？对小学低年级的儿童来说，经常教育他们提高分辨是非的能力，是形成健康的舆论风气的基础。人们在生活中经常会遇到是非问题，儿童生活何尝不是如此，问题在于正确引导，使之形成正确的舆论。常常遇到这样的家长，他们只关心孩子的学习，而不赞成孩子参与集体活动，更反对孩子牺牲自己的时间而为班集体做事。他们认为，孩子为班级效力是一种“吃亏”的行为。在这种思想的引导下，现在有一部分孩子存在这样的心理：为了不给自己增加负担，宁可不去当班干部。因为当班干部不仅要为集体多出力，耽误自己学习和玩的时间，还得时时约束自己，做别人的榜样，甚至有时还会得罪同学，所以就本着明哲保身的态度，管好自己就行了。其实，为班集体做事是一种“收获”。在参与集体活动和为同学们服务的过程中，孩子们不但能够收获乐于奉献、与人合作的品质，还能收获各种能力。这种品质和能力，恰恰是孩子们今后走上社会所必不可少的。

43 父子沟通

今年上一年级的壮壮不但做事拖拉、粗心，而且性格特别倔强。更令人苦恼的是，倔儿子遇上了倔爸爸。壮壮爸爸一看见孩子拖拉，就大发脾气，训起来没完。要是儿子犯了错误，更是抓住不放。这样，使得家里的矛盾开始升级，整天不是儿子哭，就是父亲呵斥，父子关系越来越差。儿子看见爸爸就赶紧躲，只要爸爸一开口，儿子索性就捂上耳朵，还说“烦死爸爸了”。爸爸看见儿子就横眉冷对，没个好脸。夹在父子中间的妈妈两边受气，恨儿子不争气，烦爸爸不讲究方法，劝也不听，都快急哭了。

这是一起比较典型的因教育方式不当而引起幼儿逆反情绪的案例。从心理学的角度上说，人的个性是可以遗传的，在这对父子身上，我们可以看到相似的个性特点。从幼儿园进入小学之后，孩子的自我意识不断发展，主观能动性逐渐增强，对成人的一些要求有了自己的判断，他们不再是一味地顺从于他人，开始“我行我素”。家长如果不了解孩子的这些心理特点，一味训斥，甚至打骂，就容易使孩子在个性发展上走向两个极端：或者遇事唯唯诺诺，谨小慎微，胆小怯懦；或者执拗任性，胆大妄为，目中无人。在本案例中，孩子被爸爸无休止的“马拉松”式的说教所包围，以至于产生逆反心理，抵触爸爸的教育。

生活中，孩子与父亲关系不融洽的现象非常普遍。有的是上面案例中讲到的因父亲教育方式不当造成孩子的逆反心理，使得父子关系不融洽；有的是因为父亲平时不管孩子，很少过问孩子的生活和学习，使得孩子对父亲很陌生；还有的是因为父亲的不良行为使得孩子对他很反感，从而使关系僵化。不管是什么原因，为人父者都应该反思自己的行为：我的孩子为什么烦我？我的教育方式妥当吗？我了解孩子多少？我的孩子为什么不听我的话？什么样的教育才是孩子乐意接受的呢？想明白了这些问题，自然就有了解决问题的思路和办法。

生活中，稍微留心一点家长就会发现，现在在书店、游乐场、公园等地方，绝大多数都是母亲在带着孩子，关心孩子教育和发展的也大都是母亲，照顾孩子俨然成了母亲的“专利”，孩子越小这种现象越普遍。父亲在孩子小的时候，因很少过问孩子的发展，不了解孩子的心理与渴望，所以，等孩子大些再进行教育时，就会出现孩子不服气、不听从的现象。所以，我们强烈呼吁，父亲从小就要参与孩子的培养教育。因为良好的父子关系，对孩子健康人格的发展起着至关重要的作用。

(1) 父亲对孩子体格发育方面的影响非常大。根据医学临床研究，和父亲接触多的孩子，他的身高、体重、动作等方面都发展迅速，而且身体抵抗力也特别强。

(2) 父亲是孩子良好个性品质发展的重要源泉。在孩子的成长道路上，父亲身上具备的刚毅、坚强、智慧、力量的男人品质会影响孩子，父亲多与孩子相处，会培养孩子勇敢、深沉、果断、独立等优秀品质，使孩子的性格得到更全面的发展。

(3) 多和父亲相处，能促进孩子的智力发展。因为父亲的思维方式大多是理性的，教育孩子的方式是灵活多样的，给孩子提供的信息是大量的。父亲的语言幽默风趣，思维活跃且逻辑性强，所以和父亲在一起，孩子的智力发展非常快。只有父亲与母亲一起教育孩子，才能共同奏响家庭教育的和谐、完美乐章，才能使孩子在祥和、快乐的氛围中健康成长。

父亲在教育孩子的时候，应该注意哪些事项呢？

第一，正确认识儿童的“逆反心理”。

逆反心理是孩子内心世界的一种真实再现，它是儿童自我意识增强的一种表现。家长应该了解儿童身心发展的规律，正确地看待孩子的逆反行为。在逆反期内，家长尤其不要跟孩子斗气较劲，要多站在孩子的角度上思考问题，尊重孩子，多听孩子的意见，给孩子辩解的机会和改错的时间，不要以家长的“威严”压制孩子，降服孩子。

第二，赏识孩子，肯定孩子。

孩子毕竟是孩子，喜欢得到成人的认可，特别是家长的表扬和鼓励能促进良好亲子关系的形成。在家长赏识的目光里，教育充满了希望。得到家长的赏识，孩子心情愉悦，信心倍增，内心充满了幸福感，更容易接受家长的意见，克服自身的小毛病。如果家长只是一味地数落、训斥孩子，对孩子吹毛求疵，不仅影响自己的情绪，而且还会使孩子陷入自卑的泥潭之中。

第三，蹲下身子，耐下性子。

在平等的交流氛围中，孩子更乐于接受家长的观点，也有利于教育信息的正向传递。面对倔强的孩子，家长要有耐心，不要跟孩子硬碰硬。家长要不怕在孩子面前丢面子，肯在孩子面前放下架子，耐住性子，学会“蹲”下来和孩子讲话，学会倾听孩子的声音，以民主平等的方式对待孩子。或许只是短短的几分钟、暖暖的几句话、轻轻的几次抚摸，孩子的心结就已被解开。

第四，找好突破口，培养孩子的兴趣。

孩子是家长的一面镜子，家长是孩子学习的榜样。在每时每刻的接触中，家长的言传身教会对孩子有直接的影响。作为父亲，应该抓住孩子最感兴趣的东西，培养良好的父子关系，让孩子懂得孩子做人、做事的规矩。比如，带孩子下棋，和孩子一起去打球、爬山，在这个过程中孩子感受到父亲的力量与高大，体验到和父亲之间的亲密感情。

第五，把握好爱的尺度。

改掉一个不良习惯，远比养成一个好习惯困难得多。在帮助孩子克服不良习惯的过程中，家长需要适时地把握好爱的尺度，应该多从情感上靠近、心灵上沟通、方法上变通，给孩子恰当的爱。如果孩子实在顽劣不改，给他一些适度的惩罚。说服教育并非是教育的唯一手段，必要的惩戒还是需要的。

看过这样一篇报道："把心灵蹲下来和孩子沟通"。其中，有这样一个片段：

一个6岁的孩子，吃力地搬着一辆自行车，在楼梯上跌跌撞撞、七倒八歪，他要把这辆自行车从一层搬到六层。他不知道抓哪儿好，先搬起，又放下，连拉带拽，随时都可能摔倒。好容易上了两层，力气已经用光了。他索性把车子倚在身上，背靠墙，用尽全力一点点往上蹭。不一会儿就满脸通红，汗流浃背。突然一个没站住，车子前轮一闪，连人带车差点倒下。但他没有气馁，抬头看了看小山似的楼梯，咬咬牙又搬起了自行车，一个台阶一个台阶往上挪……

终于到家了！筋疲力尽、脏得泥猴似的孩子敲开门。

爸爸笑眯眯地望着他："磕着了吗？"

“没！”他自豪地说，“有一层我要摔没摔……”

“你行啊！”爸爸笑了，“这叫挑战极限！”爸爸给他掸去身上的土，让他快去洗脸。汗津津的孩子搂过爸爸的脖子，极响地亲了一口。

孩子搬自行车到六层，足足用了半小时！这个故事讲的是父亲王隆和儿子来来的故事。这位父亲如何能和孩子保持这么愉悦的亲子关系，他又怎么舍得让孩子去付出这么多呢？父亲王隆说，大人要尊重孩子，充分相信孩子的能力，征求孩子的建议，尊重孩子的选择。给孩子一片空间，让他去自主发展，不要限制太多。和孩子相处，最重要的是把心灵蹲下来和他沟通！一定要真的蹲下来，而不是假惺惺的。“我常常对来来说：爸爸永远是你最好的、最值得信赖的朋友，你无论有什么问题，我都会像朋友一样给你一个建议。平时我也像朋友一样和他相处。去幼儿园接他，别的爸爸妈妈都拿着衣服远远地站着，只有我和他一起在草地上打滚，追跑打闹。我希望他长大了，到了青春期，也能跟我像朋友一样谈他遇到的问题。”有这样和谐的父子关系，还有什么问题不能解决呢？

44 母子沟通

我的孩子今年该上小学了，可是他一点都不爱看书、学习，让他看书他说头疼，让他听故事他就捂耳朵。他整天就知道玩，摆弄这，摆弄那，玩起来就听不见别人跟他说话。你要说他多了，他就嫌你啰嗦：“说多少遍了，烦死了。”可当他爸爸说他时，他就一点也不敢反抗，乖乖地去干该干的事。他害怕爸爸，一点都不害怕我。有时在爸爸那里受了气，还来朝我发脾气。不让他发吧，又怕他窝在心里再憋出毛病，让他发吧，就怕他形成了“两面人”，对性格培养不好。真是令人着急，我应该怎样和他沟通呢？

这位妈妈反映的情况是很多要上学的孩子妈妈所担心的，是典型的成人把竞争带来的焦虑情绪不自觉地转嫁到孩子身上的现象。如今，相当一部分中小学生，无论是在平时还是在假期中，都负载着与他们年龄不相称的重担，而且人数越来越多、年龄越来越小。事实上，玩是孩子的天性，是孩子的权利。玩，对于孩子的成长，就像维生素一样是必不可少的，是孩子最喜欢的活动，是适合孩子人格健全发展的活动。所以，爱操心的妈妈们，应该学会放手，不要担心孩子光玩会影响学习。因为我们发现，孩子在玩时都很投入，很快乐。孩子在快乐的时候，最易于开放思维，接受新事物。所以，让孩子在“玩”中学习，在“玩”中体验快乐是我们的共同追求！

母亲怎样与孩子做好交流沟通，促进孩子的快乐学习、健康成长呢？

第一，应该规范自己的行为，做孩子的榜样。

因为孩子从小与母亲生活在一起的时间最长，母亲的一言一行、一举一动，甚至一个微不足道的细节都会成为孩子模仿的对象，潜移默化中影响着孩子的世界观、人生观的最初形成。因此，母亲要想让孩子信服自己、崇拜自己，就得处处严格要求自己，做孩子的榜样。这是与孩子能够沟通的前提。

第二，加强自身的学习，紧跟时代步伐。

母亲应该加强教育理论和科学文化知识的学习，使自己紧跟上时代的步伐。只有这样，母亲才能掌握孩子的行为动向，才能了解孩子的兴趣爱好。通过观察孩子的行为，抓住他们的兴趣爱好，找准突破口，让孩子在不经意间学会学习，学会生活，更重要的是学会怎样做人。

第三，理解和尊重孩子。

被尊重和关爱是人的基本心理需求之一，当一个人觉得自己被理解、被尊重的时候，他的内心是温暖的、安全的、放松的，没有疑虑，也没有孤独感。因此，“理解和尊重孩子”能够有效地拉近母亲与孩子之间的心理距离，缩小“代沟”。当孩子进步时，和他一起分享成功的快乐；当他失败时，和他一起承受失败的痛苦。千万不要采用怀疑、体罚、讽刺、谩骂的方式。实践证明：一个人如果生活在暴力之下，他就学会施暴；如果生活在讽刺之中，他就学会谴责；如果生活在鼓励之中，他就学会自信；如果生活在认可之中，他就学会自爱；如果生活在爱心之中，他就学会爱人。因此，只有良好得当的教育，才能培养出合格的人才。

第四，要把自己的真实感情告诉孩子。

母亲在与孩子沟通时，应毫无保留，坦诚地向孩子传达出内心的想法和愿望，使孩子能够感觉到家长的“批评”“教育”中所包含的关爱和善意，这可以减少由于家长“言辞不妥”而引发的孩子的抵触情绪。曾经听说过这样一件事：

有一天，女儿在该回家的时候还没有回家。母亲开始想：这孩子，又贪玩了。继而是愤怒：都什么时候了，连人影子都不见！不等她，我们先吃饭！等她回来后非得“好好教育”她一顿不可！晚饭后又过了2小时，母亲越来越焦虑：这孩子不会出什么事吧？她越想越害怕，开始一个一个地打电话询问女儿的同学。正在此时，门铃响了，母亲迫不及待地去开门，(接下来会怎么样？大家想一下)，这位母亲是怎么做的呢？她劈头盖脸一阵责骂：“你死哪里去了？！害得我们差一点儿没去报警……”女儿试图解释，但母亲此刻哪里听得下女儿的解释。挥手一巴掌打在孩子脸上，女儿捂着脸跑进自己的房间里呜呜地哭起来。

这位母亲用“责骂和巴掌”传达了自己对女儿的那一份关爱。家长原本出于“爱和善意”的管教，常常被这种不当的方式所遮掩。当家长对着孩子愤怒责骂的时候，家长的“爱心”往往被湮没在“粗暴的管教行为”之中。尽管许多家长在责骂孩子的同时，不时声称“我是为你好”，但孩子听到的却是不停的斥骂声，因而很难感受到家长的“爱和善意”。国内外都有研究表明：家长过于严厉、缺乏温情的养育方式与过分保护、过分干涉一样，都不利于孩子的健康成长。母亲不应该用“打骂和训斥”来把自己的“爱和善意”包裹起来，而应该直接、准确地把自己的感觉、想法表达出来，这样效果会更好。比如，母亲可以这样对晚归的孩子说：

“你回来得太晚了，我们都非常为你担心，我已经拨了十几个电话，还差一点儿要打110报警了！”“担心”是母亲真正的感觉，“愤怒”则是由“担心”而产生的。直接地、坦诚地把自己的“担心的感觉”告诉孩子，不管孩子是由于什么原因晚归，听到这样的话，孩子多半都会感受到家长的深切关心，并且产生内疚感。若有此良好的沟通为基础，接下来的“教育”就容易进行了。

第五，要学会倾听孩子。

在沟通中，做母亲的还要注意一点就是：少说多听。给大家举一个例子：

有一位母亲，有一天得了喉炎，嗓子哑了。儿子放学回来后说：“妈妈，老师批评我了。”接着就诉说老师怎么怎么不对。当时，这位母亲特别想批评儿子：“你错了，老师是对的。”可是因为嗓子哑，说不出话，就只好瞪着眼睛，听着儿子说。等儿子终于说完了以后，突然儿子又说了一句：“妈妈，我谢谢您。”她当时一愣，不知儿子是什么意思。儿子又说：“谢谢您，今天听我说了这么多话。”第二天，儿子又对妈妈说：“妈妈，你昨天虽然什么都没说，但是我已经明白了，我错怪了老师。”

这就是倾听的力量，不需要家长去评论，孩子在说的过程中自己就醒悟了。人与人之间需要沟通，但是不要认为沟通只有用嘴去说，其实沟通更需要用耳、用心去听。可以说，倾听有时候是最好的沟通。

能言善辩固然是一种能耐，但善于倾听更是一种涵养。卡耐基的被人喜爱的六个秘诀之一就是——做一名忠实的听众。有人说，“不被任何赞美之词所迷惑的人，也一定会被专心听他讲话的人所迷惑。”善于倾听、欣赏别人说话的才能，比其他任何才能更难具备，因为人们往往只考虑自己所说的，而把别人所说的当作耳旁风。家长和孩子之间的代沟、夫妻之间的矛盾、婆媳之间的不和，根源往往就是缺少“倾听”的一方。每个人都想说，每个人都不注意去听，矛盾就来了。家长易犯的一个毛病就是，总是希望孩子听自己的，却很少主动去听孩子的。那么，从今天开始，让我们每一位家长都来试着克制一下自己，改变一下自己，在家里尽量少说，多听，就会发现自己与孩子的关系、与配偶的关系、与老人之间的关系将得到很大的改善。

与孩子沟通需要谈自己的意见，但更需要耐心地倾听孩子的想法。倾听意味着避免打断孩子的话，集中精力于交流的过程。为了便于做到这一点，沟通最好在安静的地方进行，排除可能使人分心的干扰因素。如果家长正忙于做晚饭或看喜欢的电视节目，要做到认真倾听是困难的。做一个耐心的倾听者能使家长了解孩子的问题和观点，有助于澄清事实，避免对孩子产生误解。经常倾听孩子的声音，家长会发现，尽管自己没有对孩子提出许多要求和建议，孩子却向自己提出更多的问题。这是因为，善于倾听的家长才有可能成为孩子的知心朋友。

沟通没有通用的模式，与一个孩子沟通的方式并不见得适合于另一个孩子。因此，家长必须根据自己孩子的特点，创造自己的沟通方式。成功的亲子沟通没有什么秘诀，只要家长是有心人，就能找到适合与自己孩子的沟通方式。

第六，要创造机会与孩子沟通。

沟通是一个互动的过程，家长与孩子沟通时需要有恰当的机会。小朋友不喜欢预约的谈话，家长想谈的时候，他可能没有兴趣；只有他想谈的时候，沟通才有可能顺利进行。有些家长可能喜欢在晚饭桌上或睡前与孩子谈话，有些家长则常常利用一起散步或郊游的时间与孩子交流。

不管选择什么时间，我们都要知道，最佳的沟通常常是在共同的活动中进行的。切记：不要总是试图在临时想起的、不固定的时间与孩子进行沟通，那样做的结果只能是失败。

另外，还有一点应值得注意，夫妻双方的教育方式和观点要一致，不要一个看起来凶神恶煞，另一个却被孩子当作“撒气包”，这样也不利于孩子良好性格的形成。严父慈母也好，慈父严母也罢，都要把握好度，教育观点要一致，要充分尊重孩子。只有这样，孩子才能对家长敞开心扉，才能促进孩子健康快乐地成长。

45 家校沟通

我的孩子都上小学快一年了，除了入学前开了一次家长会，再也没开过。平时只是送孩子到家长止步线，接孩子一般是孩子的爷爷奶奶去，所以我很少见到孩子的班主任，沟通也比较少。只是听孩子回来讲讲班里的事情，至于孩子的具体表现如何，我并不是太清楚。像我这种情况的家长不在少数，请教一下应怎样和老师、学校做好沟通呢？

一般提到家校沟通，大部分家长觉得那是学校的事，学校让咱干什么咱主动配合就行。但仔细想一下，孩子的大部分时间是在家里度过的，家庭对他们的影响是非常大的。试想一下，一个班那么多的孩子，家长如果只是被动地等着教师跟自己联系，那么与教师交流的机会是很少的。教师平时有那么多的工作，一般情况下，只要孩子没什么大问题，教师就不会跟家长联系。所以，家长应主动与教师联系。苏联教育家苏霍姆林斯基有句名言："没有家庭教育的学校教育和没有学校教育的家庭教育都不可能完成培养人这样一个极其细微的任务。"因此，教师与家长必须做到互相配合，协调一致，才能达到教育孩子的目标。

具体来讲，家长应该怎样做呢？

第一，要认识到与教师沟通的重要性。

无论是学校还是家庭，对孩子的影响都是至关重要的。其中，教师与家长可以起到学校与家庭的联系的桥梁。良好的教师与家长的沟通，会对孩子的学习大有裨益。教师把孩子在学校的学习情况及时反馈给家长，同时家长也把孩子在家的表现告知教师，这样双方都会对孩子有一个较为全面的了解，更方便双方对症下药，保证孩子一直朝一个正确的方向前进，也可以减少走一些不必要的弯路。同时，多与教师沟通的家长，教师会更关注其孩子一些，对孩子起到督促作用。

第二，要选用恰当的方式与教师沟通。

与教师沟通的方式非常多，但在不同的时间、不同的情况下，选用最恰当的沟通方式能起到事半功倍的效果。

（1）面对面沟通：这是一种最直接的沟通方式，它能让沟通双方看到彼此的神态表情，及时了解彼此的真实想法，触及问题的本质，一次性将问题解决得比较透彻，避免了一些不必要的误会，使沟通更直接有效。注意：一定要提前与教师约定时间，避免让教师等待，耽误对方很多时间。

（2）书面沟通：可以用家校联系本、纸条留言等形式。家长没有重要的事情时或者家长不善言谈时，可以采取这种方式。有问题就提，没问题时可以写些鼓励的言语，加强彼此对孩子的了解，增进彼此间的感情。

（3）电话沟通：家长和教师可以通过打电话、发短信的形式进行沟通，这种方式方便快捷、简单易行。

（4）网络沟通：这是现代社会人们加强联系的一种最快捷的方法。在网络上，有些不好意思当面表达的语言或者不好直接提的建议都可以表达出来。

家长和教师沟通时，要多站在对方的角度考虑，试着从对方的立场分析问题，那样沟通起来会更顺畅。特别是当两者之间存在误会的时候，一定要保持冷静，无论何种形式的沟通，都要讲礼貌，真诚相待。

第三，鼓励孩子自己与教师沟通。

笔者是比较注重让孩子自己去和教师沟通的。每位家长都想着和教师当面沟通，教师没这么多时间。孩子去找教师沟通，不仅能锻炼孩子的沟通能力，恰当地与他人沟通还能让孩子产生自信，增强成功感。

作为教师，在与孩子家长沟通时应注意哪些方面呢？

第一，以诚相待，学会倾听。

不管是家访还是家长来学校交换意见，教师都要转换角色，把对方当作朋友一样真诚相待，这样沟通就变得容易多了。千万不要板起面孔去教育或指示对方怎样怎样，否则很难解决问题。教师要学会倾听家长。倾听既是对对方的一种礼貌行为，又能更多地了解孩子的一些情况，比较有利于问题的解决。

第二，讲求沟通艺术，巧妙与不同类型的家长沟通。

（1）对于有教养的家长：尽可能将孩子的表现如实向家长反映，主动请他们提出教育的措施，认真倾听他们的意见，充分肯定和采纳他们的合理化建议，并适时提出自己的看法，和孩子家长一起同心协力，共同做好对孩子的教育工作。

（2）对于放任不管型的家长：班主任要多报喜，少报忧，使孩子家长认识到孩子的发展潜力，激发家长对孩子的爱心与期望心理，改变他们对孩子放任不管的态度，吸引他们主动参与对孩子的教育活动。

（3）对于气势汹汹的家长：教师要以理服人。面对气势汹汹的家长，教师一定要沉得住气才行。碰到此类家长，最有效的做法就是面带微笑。班主任面对家长的指责，要克制自己的怨气，不要和家长争执，更不要挖苦讽刺孩子而伤及家长，脸上要充满微笑。

在众多的家长中，教师肯定会遇到一些把子女的学习不好、行为不好归咎于学校和教师教育不力的家长。班主任本身在这些孩子身上投入了大量的时间和精力，听到一些不顺耳的话，自然感到委屈，便也埋怨起家长不理解自己，急于为自己辩解，这样，家长又认为教师故意将所有过错都推到了孩子及自己身上，如此家长和教师很容易闹僵，甚至有可能出现在公立学校“教师训家长”，在私立学校“家长训教师”的局面。其实，孩子家长的某些话诸如“我小孩在以前的学校是很好的，都是班上前几名”“他在学前班不是这样的”等，只是脱口说出而已，并不一定就是责怪现在的教师没教好。教师应从孩子随着年龄的增长，生理和心理也随之发生变化的角度与家长共同分析，并把自己所做的努力，在适当的时候告知家长。即便家长说了些认为不当的话，教师也应有博大的胸怀，抱着“有则改之，无则加勉”的态度对待。

后 记

幼小衔接工作在幼儿园一直很受重视，家长们好像也很看重，但却存在很多误区。2011年4月11日南京的《扬子晚报》报道一个天价幼小衔接班，12节课收费11000元，包过重点小学的面试，这样的衔接班虽然有些搞笑，令人唏嘘，却也是真实的存在。现今也确实有不少家长因为担心孩子“输在起跑线上”，纷纷将孩子送入各种各样的“幼小衔接班”，给孩子恶补小学知识。也有一些家长唯恐孩子学不到知识、浪费时间，不让孩子上幼儿园的大班，直接把孩子转到某些小学的学前班或者培训机构的幼小衔接班。庆幸的是，很多省市的教育行政部门已经发文严厉制止这些违规行为，叫停了学前班，纠正幼教机构的小学化倾向，避免因为违背教育规律和儿童身心发展规律带给孩子更多的伤害。

对于广大的家长朋友来讲，学习和了解孩子成长中每个阶段的特点和教育核心是必要的，和孩子一起享受成长的喜悦也是甜蜜的。从小学到幼儿园，对于孩子来讲真的是一个飞跃，孩子要经历和接受很多的挑战，幸运的是，我们和他在一起接受挑战，肩并肩，就像朋友。

中国轻工业出版社“万千教育”编辑部的同人们很敏锐地觉察到幼

小衔接这个选题的重要性，我们也很高兴再度合作。感谢高君编辑的建设性意见，也感谢所有编辑们的辛苦付出。

在这本书写作的过程中，我们得到了济南市市中区教科室徐建君主任、济南市天桥区实验小学曹颖老师和济南市天桥区锦缠街小学赵昌梅老师的支持和帮助，感谢他们的智慧奉献。同时感谢济南市七里山幼儿园领导的大力支持，感谢我们家人对于我们工作长期以来一直的支持和无私奉献。

感谢您打开这本书，分享其中的建议。无论您是否愿意接纳这些观点，我们都向您表达我们的敬意，因为您孜孜不倦的学习，也因为您愿意在孩子的教育方面不断探索和努力。

祝福即将升入小学的孩子们顺利适应小学生活！祝福已经在小学的孩子们享受学海无涯的快乐！祝福所有的孩子们健康成长！

董旭花

2011 年 11 月 23 日